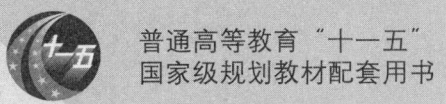

财务管理实务学习指导、习题与项目实训（第四版）

主　编　马元兴
副主编　唐鸿英　李建军　杨仲杰
参　编　胡玲敏　杨　洋

本书另配教学资源

CAIWU GUANLI SHIWU XUEXI ZHIDAO
XITI YU XIANGMU SHIXUN

新税率·新准则

高等教育出版社·北京

内容提要

本书是普通高等教育"十一五"国家级规划教材配套用书,是高等职业教育"十三五"创新示范教材。

本书是马元兴主编的《财务管理实务》(第四版)的配套用书。本书的学习指导简明扼要、重点突出;习题以二十六项任务为单位进行编写,题型丰富,包括判断题、单项选择题、多项选择题、业务题、思考题等;十个项目实训涵盖了企业财务管理岗位的全部内容。通过本书学习和训练,学生不仅能够掌握财务管理的基本知识,而且能够掌握企业财务管理岗位任务的操作方法,达到会计职业中等技术职称的应用和操作水平。

本书既可作为高等职业教育财务会计类专业的教学用书,也可作为财务会计人员、企业管理人员的学习和培训用书。

图书在版编目(CIP)数据

财务管理实务学习指导、习题与项目实训/马元兴主编.—4版.—北京:高等教育出版社,2019.9
ISBN 978-7-04-052705-6

Ⅰ.①财… Ⅱ.①马… Ⅲ.①财务管理-高等学校-教学参考资料 Ⅳ.①F275

中国版本图书馆 CIP 数据核字(2019)第 197537 号

| 策划编辑 | 毕颖娟 | 责任编辑 | 李 月 | 毕颖娟 | 封面设计 | 张文豪 | 责任印制 | 高忠富 |

出版发行	高等教育出版社	网 址	http://www.hep.edu.cn
社 址	北京市西城区德外大街4号		http://www.hep.com.cn
邮政编码	100120		http://www.hep.com.cn/shanghai
印 刷	上海师范大学印刷厂	网上订购	http://www.hepmall.com.cn
开 本	787 mm×1092 mm 1/16		http://www.hepmall.com
印 张	11		http://www.hepmall.cn
字 数	234千字	版 次	2019年9月第4版
			2002年9月第1版
购书热线	010-58581118	印 次	2019年9月第1次印刷
咨询电话	400-810-0598	定 价	23.00元

本书如有缺页、倒页、脱页等质量问题,请到所购图书销售部门联系调换
版权所有 侵权必究
物 料 号 52705-00

编写委员会

(以姓氏笔画为序)

主任委员：

马元兴	王 炜	王宗江	孔全会	李占国
高建宁	梁伟样	程淮中	谢国珍	

副主任委员：

丁增稳	马荣贵	王生根	王 钧	王炳华
王 辉	申屠新飞	孙自强	杨剑钧	李传双
李 曼	张洪波	陈风奎	单祖明	赵孝廉
胡孝东	钭志斌	宣国萍	徐文杰	翁玉良
喻 竹	潘上永			

委 员：

王 荃	王顺金	牛永芹	田 宏	吕永霞
回晓敏	庄胡蝶	刘兆军	刘金星	刘洪海
刘勇强	刘 晖	刘 蕾	孙 义	孙迎芬
孙 颖	杨 欣	杨晓华	李 凤	李冬梅
李 志	李英红	李 莎	李爱红	吴兴华
吴智勇	吴 强	宋鹤年	张远录	张 英
张 萍	张清亮	陆兴凤	陈明然	陈建松
陈宣君	陈琛凝	邵敬浩	范世森	林松池
季光伟	季学芳	周丽华	周国安	周 阅
周 遊	郑洋慧	赵秀荣	赵宏强	赵春宇
赵 砚	赵 艳	胡 云	柯 霜	施海丽
费玄淑	夏菊子	顾全根	高克智	郭传章
唐荣林	陶 文	黄 群	崔 烨	梁文涛
韩 丹	程 坚	舒文存	靳 磊	解媚霞
廖建英	戴桂荣	魏世和	魏亚芳	魏 芳
魏标文				

出版说明

当今,新一轮科技革命和产业升级,对现有的产业结构、生产方式和生活方式产生了深远的影响,也对高等职业教育提出了更高的要求和新的挑战。"十三五"时期是我国高等职业教育现代化建设的关键时期,加快发展现代高等职业教育已成为我国教育发展的重要战略。深化教学改革,提高教学质量,培养社会迫切需要的发展型、复合型和创新型的技术技能人才,促进高等职业教育健康持续发展,是高等职业教育工作者的历史使命。

课程和教材是高等职业教育教学改革的关键与核心,其开发和建设也伴随着我国经济发展进入了新的阶段。"十三五"期间,高等教育出版社组织来自全国高等职业院校的骨干教师、行业企业的教育培训专家和从事高等职业教育教学研究的专家,申报、立项了一批中国职业技术教育学会教学工作委员会、教材工作委员会有关高等职业教育课程改革和教材建设的研究课题。这些课题研究成果体现了高等职业教育教学改革的新思想、新观念,有力地促进了高等职业教育教学改革的发展。在此基础上,高等教育出版社上海出版事业部组织编写、修订并出版了一批反映当前高等职业教育教学改革研究与实践成果的创新示范教材。教材的编写着重在以下几个方面进行了创新尝试。

精炼编写内容

教材内容紧扣立德树人的核心要求,把培养学生的职业道德、职业素养和创新创业能力融入教学内容和教学活动设计中,力图通过全局设计、过程贯通、细节安排提升职业教育课程教学的内涵,培养德智体美全面发展的社会主义事业接班人。

技术的快速发展、经济转型升级使职业教育的专业结构调整、课程内容更新更为常态化,编写满足培养行业、企业人才需要的职业教育新教材,也是本系列教材在创新示范方面的突出特色。

系列教材对部分重点课程还采用了"一纲多本"的编写形式,即同一课程编写多种版本,较好地解决了"通用性"和"个性化"的矛盾。教材内容编写遵守共同基础与多样选择相统一的原则,构建更加开放、更具弹性的课程教材体系,为教师选择和使用教材提供空间,以适应"分层教学"和"专业需求多元化"的现实。

丰富内容组织

高等职业教育课程内容的多样化特征决定了教材多样化的特点。本系列教材不拘于统一的内容组织形式，以满足课程教学需要、有助于职业人才的培养为核心，切实服务于任务引领、项目驱动等多种形式的职业教育课程改革。

本系列教材在内容组织和编写体例方面，根据课程性质、教材内容特点和教学的实际需要进行了多样化的尝试，改变了"章节体"一统天下的局面。教材在结构编排上，在每部分内容的开始有导学，构建学习情景，提出本部分内容的学习目标，在结束时用小结方式强调重点，最后用习题等形式帮助学生自我检查评价。在呈现形式上，体例新颖活泼、直观，用大量的插图表达，双色、彩色印刷使"重点""难点"醒目、鲜明。着重在"便教"与"利学"上努力创新，强化教材的使用功能。

服务教学设计

教学设计是教师以教育教学原理为依据，为了达到教学目标，根据学生认知特点，对教学过程、教学内容、教学组织形式、教学方法和使用的教学手段进行的策划。教学资源在服务教学设计中具有举足轻重的作用。应用现代教育技术的数字化教学资源，具有丰富的表现力，可以突破教学重点和难点；交互性强，可以充分发挥学生的主体作用；信息量大，更新方便，大大提高学习效率；可碎片化，易于二次开发，方便综合化利用和共享。本系列教材依托高等教育出版社已建设成熟的MOOC、SPOC平台，数字出版技术，以及二维码资源平台，统筹规划教学资源建设，为课程教学设计和创新教学方法提供有力的支撑。

教师是教学改革的主体。教学改革与教材建设只有得到教师的支持与参与，才有成功的可能。在教材和配套教学资源建设的同时，我们陆续组织了各种形式的教师培训、教学研讨活动，以帮助教师确立现代职业教育理念，促进教学质量与效率的提高，实现教学改革与教材建设的同步发展。

本系列创新示范教材的出版及其配套工作是一项持续进行、不断完善的工程，我们殷切希望能够得到广大教师的支持和积极参与，共同创新、示范，分享高等职业教育教学改革的成果与经验，为我国高等职业教育的发展做出应有的贡献。

高等教育出版社

第四版前言

由于《财务管理实务》主教材按照国家最新的增值税政策、国家管理会计指引和国家职业教育改革实施方案进行了修订，相配套的《财务管理实务学习指导、习题与项目实训》也相应进行了修订。

修订后的《财务管理实务学习指导、习题与项目实训》(第四版)有两大特点。一是学习指导、习题与项目实训内容与主教材保持一致，与国家最新的增值税政策、国家管理会计指引相吻合。二是保持原有学习指导、习题与项目实训的特色，即：学习指导简明扼要、重点突出；习题以二十六项任务为单位进行编写，包含判断题、单项选择题、多项选择题、业务题、思考题等；项目实训设置了企业财务管理认知调研、资金时间价值的计算评价、风险收益的计算评价、资金筹集方案设计、综合资本成本分析、新建项目投资决策分析、证券组合投资决策分析、信用政策决策、年度利润分配方案的制订、财务预算编制、投资中心决策分析、基本财务指标分析、财务状况综合评价等，涵盖了企业财务管理岗位操作的全部内容。

本书由无锡商业职业技术学院马元兴(主编)编写了项目一、项目二、项目十；扬州工业职业技术学院李建军(副主编)编写了项目三、项目四；永州职业技术学院唐鸿英(副主编)编写了项目五、项目九；扬州工业职业技术学院杨仲杰(副主编)编写了项目八；浙江经济职业技术学院胡玲敏(参编)编写了项目六；无锡商业职业技术学院杨洋(参编)编写了项目七。

我们在本书编写过程中参阅了有关中外书籍，得到了领导、专家和合作企业的支持，在此一并表示衷心感谢！

由于编者水平和经验有限，书中难免有不足和错误之处，恳请读者批评指正。

编 者
2019 年 8 月

目　录

001	**项目一**　财务管理认知	
001	学习指导	
003	习题　任务一　财务管理目标	
005	任务二　财务管理职责	
006	项目实训　企业财务管理认知调研	
008	**项目二**　财务管理观念	
008	学习指导	
011	习题　任务一　资金时间价值计算	
013	任务二　风险与收益衡量	
015	项目实训一　资金时间价值的计算评价	
018	项目实训二　风险收益的计算评价	
020	**项目三**　资金筹集管理	
020	学习指导	
029	习题　任务一　资金需求量预测	
032	任务二　权益资本筹集	
034	任务三　债务资本筹集	
036	任务四　筹集资本成本	
038	任务五　最优资本结构	
040	项目实训一　资金筹集方案设计	
043	项目实训二　综合资本成本分析	

047	**项目四** 项目投资管理
047	学习指导
053	习题　任务一　项目投资评价指标
057	任务二　项目投资决策方法
059	项目实训　新建项目投资决策分析

063	**项目五** 证券投资管理
063	学习指导
068	习题　任务一　股票投资
069	任务二　债券投资
070	任务三　基金投资
072	项目实训　证券组合投资决策分析

077	**项目六** 营运资金管理
077	学习指导
081	习题　任务一　现金管理
083	任务二　应收账款管理
086	任务三　存货管理
088	项目实训　信用政策决策

091	**项目七** 利润分配管理
091	学习指导
098	习题　任务一　利润计算
100	任务二　利润分配
104	项目实训　年度利润分配方案的制订

107	**项目八** 财务预算
107	学习指导
111	习题　任务一　财务预算方法
112	任务二　财务预算编制

| 115 | 项目实训　财务预算编制 |

项目九　财务控制

122	
122	学习指导
127	习题　任务一　财务控制基础
129	任务二　财务控制实施
133	项目实训　投资中心决策分析

项目十　财务分析

136	
136	学习指导
145	习题　任务一　财务分析方法
147	任务二　基本财务指标分析
151	任务三　综合财务指标分析
154	项目实训一　基本财务指标分析
156	项目实训二　财务状况综合评价

项目一　财务管理认知

学习指导

一、企业管理与财务管理

(一) 企业管理

1. 企业管理的概念

企业管理是对企业的生产经营活动进行组织、计划、指挥、监督和调节等一系列职能的总称。

2. 企业管理的内容

(1) 计划管理。

(2) 组织管理。

(3) 物资管理。

(4) 质量管理。

(5) 成本管理。

(6) 财务管理。

(7) 劳动人事管理。

(8) 营销管理。

(9) 团队管理。

(10) 企业文化管理。

(二) 财务管理

1. 财务管理的概念

财务管理是基于企业在经营中客观存在的财务活动和财务关系而产生的,它主要利用价值形式对企业所从事的生产经营活动进行管理,是组织资金运动、处理财务关系的一项综合性管理工作。

2. 财务管理的特征

(1) 财务管理的基本特征是价值管理。

(2) 财务管理与企业各方面具有广泛的联系。

(3) 财务管理是一项综合性的管理活动。

二、财务活动与财务关系

(一) 财务活动（图 1-1）

$$\begin{cases} 筹资活动 \begin{cases} 自有资金 \\ 债务资金 \end{cases} \\ 投资活动 \begin{cases} 广义的投资 \\ 狭义的投资 \longrightarrow 仅指对外投资 \end{cases} \\ 资金营运活动 \\ 收益分配活动 \end{cases}$$

图 1-1　财务活动

(二) 财务关系

财务关系是指企业在财务活动中与有关各方所发生的经济利益关系。财务关系的**核心**是经济利益，包括企业与投资者、债权人、受资者、债务人、供货商、客户、政府、内部各单位、职工之间的关系。

三、财务管理的内容

财务管理的内容包括：筹资活动、投资活动、资金营运活动、收益分配活动即财务活动。

四、财务管理的目标

(1) 利润最大化。

(2) 股东财富最大化。

(3) 企业价值最大化。企业价值最大化是目前认同度最高的财务管理目标。

五、财务管理环境

企业的财务管理环境又称理财环境，是指对企业财务活动产生影响的企业外部条件。财务管理的环境一般包括：经济环境、法律环境、金融环境。

六、财务管理体制

财务管理体制是指组织、领导、管理企业财务活动的一项基本制度，是企业管理体制的一项重要组成部分。财务管理体制具体包括三方面内容：一是财务管理职权；二是财务管理组织；三是财务管理制度。

七、财务管理工作过程(表 1-1)

表 1-1　　　　　　　　　　　财务管理工作过程

工作过程	要　　　点
财务规划	财务战略规划是企业整体战略规划的具体化
财务决策	财务决策是财务管理的核心
财务预算	财务预算是企业财务战略规划的具体计划,是控制财务活动的依据
财务控制	财务控制是确保企业财务战略规划实现的保证
财务分析、业绩评价与激励	财务分析是对已经完成财务活动的总结,也是财务预测的前提

八、财务管理岗位职责

财务管理岗位主要包括:筹资管理、投资管理、现金管理、信用与保险管理、分配管理、财务分析与预算等岗位,其岗位职责由岗位任务所决定。

习　题

任务一　财务管理目标

一、判断题

1. 财务管理是企业管理的一个重要组成部分。　　　　　　　　　　　(　)
2. 财务管理主要利用价值形式对企业所从事的生产经营活动进行管理。(　)
3. 企业管理的最终目的是提高企业的经济效益。　　　　　　　　　　(　)
4. 企业管理以财务管理为中心,是市场机制发挥作用并正常运行的基础。(　)
5. 投资是指企业根据项目资金需要而筹集资金的行为。　　　　　　　(　)
6. 财务关系的核心是经济利益。　　　　　　　　　　　　　　　　　(　)
7. 企业的财务活动具体包括资金的筹集、运用、回收及分配等一系列行为。(　)
8. 企业筹集的资金,可以是货币资金,也可以是实物资产,但不能是无形资产。
　　　　　　　　　　　　　　　　　　　　　　　　　　　　　　　(　)
9. 企业价值是指企业全部资产的市场价值,也即股票与负债的市场价值之和。
　　　　　　　　　　　　　　　　　　　　　　　　　　　　　　　(　)

二、单项选择题

1. 财务管理的实质是(　　)。
　A. 组织资金运动　　　　　　　　B. 处理财务关系
　C. 提高经济效益　　　　　　　　D. 实施价值管理
2. 企业支付股利属于由(　　)引起的财务活动。
　A. 投资　　　　B. 分配　　　　C. 筹资　　　　D. 资金营运

3. 下列（　　）属于企业销售商品或提供劳务形成的财务关系。
A. 企业与供应商之间的财务关系　　　B. 企业与债务人之间的财务关系
C. 企业与客户之间的财务关系　　　　D. 企业与受资者之间的财务关系

4. 财务管理以（　　）作为财务管理的目标。
A. 利润最大化　　　　　　　　　　　B. 每股收益最大化
C. 企业价值最大化　　　　　　　　　D. 收入最大化

三、多项选择题

1. 企业管理主要包括的内容有（　　）。
A. 营销管理　　　B. 劳动人事管理　　　C. 财务管理　　　D. 市场管理

2. 财务活动具体由（　　）组成。
A. 筹资活动　　　B. 投资活动　　　C. 资金营运活动　　　D. 收益分配活动

3. 企业通过筹资通常可以形成（　　）资金来源。
A. 企业资本金　　　　　　　　　　　B. 企业营业收入
C. 企业债务资金　　　　　　　　　　D. 企业投资收入

4. 企业与投资者之间的财务关系，主要是指（　　）。
A. 投资者管理企业　　　　　　　　　B. 企业的投资者向企业投入资金
C. 经营者经营企业　　　　　　　　　D. 企业向其投资者分配利润

5. 企业与债权人之间的财务关系，主要是指（　　）。
A. 购买债券　　　B. 提供借款　　　C. 提供商业信用　　　D. 商品买卖

6. 股东财富由其所拥有的（　　）两方面决定的。
A. 股票数量　　　　　　　　　　　　B. 股票上市
C. 股票的市场价格　　　　　　　　　D. 股票市盈率

7. 企业价值最大化目标有（　　）两种计量方法。
A. 企业现有市场价值　　　　　　　　B. 未来企业报酬贴现值
C. 拥有资本　　　　　　　　　　　　D. 资产评估值

8. 筹资管理目标要求所筹资的数量（　　）。
A. 满足企业生产经营　　　　　　　　B. 使资本成本风险最小
C. 筹集最大的资金量　　　　　　　　D. 使资本成本率最低

9. 营运资金管理的目标是（　　）。
A. 加速资金周转　　　　　　　　　　B. 增加企业经营收入
C. 提高企业资金利用率　　　　　　　D. 降低企业经营成本

四、思考题

1. 企业管理有何意义？
2. 为什么财务管理在企业管理中居于中心地位？
3. 财务管理有哪些具体的分目标？

任务二 财务管理职责

一、判断题

1. 财务管理环境是指对企业财务活动和财务管理产生影响的企业内部因素的环境。（　　）
2. 竞争取胜是企业生存的前提，也是企业财务管理的核心。（　　）
3. 财务法规是财务管理工作必须遵守的行为准则。（　　）
4. 进行长期性资金交易活动的市场，又称资本市场。（　　）
5. 金融环境是指金融市场的资金供应和利率变动对企业财务的影响的环境。（　　）
6. 金融衍生品市场是指以金融衍生产品为交易对象的金融市场。（　　）
7. 财务管理体制是指组织、领导、管理企业财务活动的一项基本制度。（　　）
8. 在小型企业中，一般不设单独的财务管理组织。（　　）
9. 从事企业经营管理的人都应懂得企业财务管理知识。（　　）

二、单项选择题

1. 利率主要由（　　）决定。
   A. 经济周期   B. 资金的供给与需求
   C. 通货膨胀   D. 国家货币政策
2. 财务管理必须遵守的基本法规是（　　）。
   A.《会计法》   B.《企业会计准则》
   C.《企业财务通则》   D.《票据法》
3. 企业财务部（　　）是财务管理岗位。
   A. 总账会计   B. 出纳会计
   C. 财务科长   D. 往来核算会计

三、多项选择题

1. 财务管理环境涉及的范围很广，其中最重要的有（　　）。
   A. 经济环境   B. 法律环境
   C. 金融环境   D. 企业环境
2. 对企业财务管理有影响的社会宏观经济状况包括（　　）。
   A. 经济发展状况   B. 通货膨胀   C. 利息率波动
   D. 政府的经济政策   E. 社会竞争
3. 财务管理的法律环境是指企业和外部发生经济关系时所应遵守的（　　）。
   A. 法律   B. 法规   C. 规章   D. 制度
4. 企业财务管理应遵守的法律、法规主要分成（　　）三大类。
   A. 企业组织法规   B. 税务法规   C. 财务法规   D. 经营法规

5. 金融市场的主要功能有（　　）。
   A. 转化储蓄为投资
   B. 改善社会经济福利
   C. 提供多种金融工具并加速流动，使中短期资金凝结为长期资金的功能
   D. 提高金融体系竞争性和效率
   E. 引导资金流向
6. 金融市场的要素主要有（　　）。
   A. 市场主体　　　　　　　　　B. 金融工具
   C. 交易价格　　　　　　　　　D. 组织方式
7. 金融市场按金融工具的属性分为（　　）
   A. 资本市场　　　　　　　　　B. 基础性金融市场
   C. 金融衍生品市场　　　　　　D. 黄金市场
8. 企业财务管理体制具体包括（　　）三方面内容。
   A. 财务管理领导　　　　　　　B. 财务管理职权
   C. 财务管理组织　　　　　　　D. 财务管理制度
9. 我国的财务管理制度包括（　　）。
   A. 国家的《企业财务通则》　　B. 分行业的企业财务制度
   C. 企业内部的财务管理制度　　D. 财政税收制度
10. 企业财务管理岗位主要包括（　　）。
    A. 筹资管理岗位　　　　　　　B. 投资管理岗位
    C. 现金管理岗位　　　　　　　D. 分配管理岗位

四、思考题

1. 财务管理环境包括经济环境、法律环境和金融环境，请问哪个是第一位的环境，为什么？
2. 在财务管理体制中，你认为财务管理组织重要还是财务管理制度重要？
3. 谈谈你对财务管理工作过程的理解。
4. 你认为财务部有哪些工作职责？

项目实训　企业财务管理认知调研

一、任务目标

了解企业财务管理的实际情况，懂得学习财务管理的任务、目的与要求。

二、任务描述

联系一家企业并对企业的财务管理情况进行调研，选择调研的企业性质不限，规模中等及以上。调研的内容包括企业名称、性质、规模、法人代表、企业生产经营范围、

企业机构设置、财务管理人员配备、财务管理人员素质要求、财务经理岗位职责、当前的理财环境对该企业财务管理的影响等。

三、操作准备

（1）选择企业。由教师在校企合作企业中选择。

（2）学生分组。学生1人1组。

（3）制订工作计划书。每位学生制订一份工作计划书，工作计划书根据工作内容，由学生讨论制订，并经指导老师审阅批准后实施。

四、操作流程

（1）与选择企业的财务部长联系，说明企业财务管理认知调研的目的、内容和要求。

（2）到达企业后听企业财务部长进行总体情况介绍。

（3）就有关不明确的问题进行交流提问。

（4）实地参观企业的财务部和生产经营场所。

五、完成任务

每一位学生完成企业财务管理情况调研报告（表1-2），不少于1 000字。

表1-2　　　　　　　　企业财务管理情况调研报告

一、企业概况介绍（包括企业名称、性质、规模、法人代表、生产经营范围、企业机构设置等）
二、企业财务管理人员配备
三、企业财务经理岗位职责
四、企业对财务管理人员的素质要求
五、当前的理财环境对该企业财务管理的影响
学生签字：

项目二 财务管理观念

学 习 指 导

一、资金时间价值的概念

资金时间价值,是资金经历一定时间的投资和再投资所增加的价值。

二、终值和现值

终值又称将来值,是现在一定量的资金折算到未来某一时点所对应的金额,俗称本利和;现值,又称本金,是指未来某一时点上的一定量资金折算到现在所对应的金额。

$$单利\begin{cases}终值\\现值\end{cases} \quad 复利\begin{cases}终值\\现值\end{cases} \quad 年金\begin{cases}终值\\现值\end{cases}$$

(一)单利的终值与现值

单利计息:只对本金计算利息,利息不再计息(表2-1)。

表 2-1　　　　　　　　　　　　单利的终值与现值

项　　目	计算公式
单利终值	$F = P \times (1 + n \times i)$
单利现值	$P = F/(1 + n \times i)$

(二)复利的终值与现值

复利计息:既对本金计息,又对前期产生的利息计息,俗称利滚利。

通常采取复利计息,这时一次性收付款的现值和终值也称为复利现值和复利终值(表2-2)。

表 2-2　　　　　　　　　　　　　复利终值与复利现值

项　　目	计算公式	系数公式	系数名称	系数符号
复利终值	$F = P \times (1+i)^n$	$(1+i)^n$	复利终值系数	$(F/P, i, n)$
复利现值	$P = \dfrac{F}{(1+i)^n} = F \times (1+i)^{-n}$	$(1+i)^{-n}$	复利现值系数	$(P/F, i, n)$
复利利息	$I = F - P$			

复利终值系数与复利现值系数互为倒数。

（三）普通年金的终值与现值（表 2-3）

年金是指一定时期内每期收付相同金额的款项。

表 2-3　　　　　　　　　　　　　普通年金的终值与现值

年金种类	终　　值	现　　值
普通年金	$F = A \times (F/A, i, n)$	$P = A \times (P/A, i, n)$
即付年金	$F = A \times [(F/A, i, n+1) - 1]$	$P = A \times [(P/A, i, n-1) + 1]$
递延年金	$F = A \times (F/A, i, n)$	$P = A \times (P/A, i, n) \times (P/F, i, m)$
永续年金	无	$P = A/i$

与普通年金相关的两个概念是偿债基金和年资本回收额，如表 2-4 所示。

表 2-4　　　　　　　　　　　　　普通年金相关概念

项　　目	计算公式	系数公式	系数名称	系数符号
偿债基金	$A = F \times \dfrac{i}{(1+i)^n - 1}$	$\dfrac{i}{(1+i)^n - 1}$	偿债基金系数	$(A/F, i, n)$
年资本回收额	$A = P \times \dfrac{i}{1 - (1+i)^{-n}}$	$\dfrac{i}{1 - (1+i)^{-n}}$	资本回收系数	$(A/P, i, n)$

三、风险的概念

从企业财务管理角度讲，风险是企业在各项财务活动过程中，各种难以预料或无法控制的因素作用，使企业的实际收益与预计收益发生背离，从而蒙受经济损失的可能性。

四、风险的种类（图 2-1）

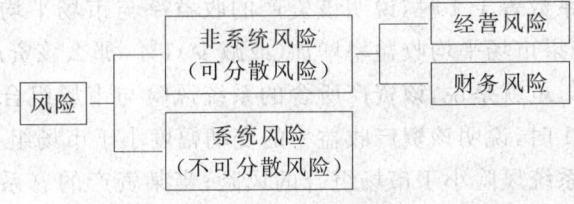

图 2-1　风险的种类

五、风险控制对策

风险控制对策包括规避风险、减少风险、转移风险、接受风险。

六、资产的收益率

在实际的财务工作中,由于工作角度和出发点不同,收益率有以下类型:实际收益率、名义收益率、预期收益率、必要收益率、无风险收益率、风险收益率。

七、风险衡量

(一) 单项资产的风险衡量

单项资产的风险可以用标准离差率衡量,计算步骤如下:

1. 确定概率分布
2. 计算期望报酬率(平均报酬率)

$$E(R) = \sum R_i \times P_i$$

3. 计算收益率的标准差

$$\sigma = \sqrt{\sum_{i=1}^{n}[R_i - E(R)]^2 \times P_i}$$

4. 计算收益率的标准离差率(V)

$$V = \frac{\sigma}{E(R)}$$

(二) 资产组合的风险衡量

1. 资产组合的预期收益率确定$[E(R_p)]$

$$E(R_p) = \sum_{i=1}^{n} W_i \times E(R_i)$$

2. 资产组合风险的度量

资产组合理论认为,若干种资产组成的组合,其收益是这些资产收益的加权平均数,但是其风险并不是这些资产风险的加权平均数,资产组合能降低风险。

(三) 系统风险的度量

单项资产或资产组合受系统风险影响的程度,可以通过系统风险系数(β 系数)来衡量。

当某资产的 β 系数等于 1 时,说明该资产的收益率与市场平均收益率呈同方向、同比例的变化,即如果市场平均收益率增加(或减少)1%,那么该资产的收益率也相应地增加(或减少)1%,也就是说,该资产所含的系统风险与市场组合的风险一致;当某资产的 β 系数小于 1 时,说明该资产收益率的变动幅度小于市场组合收益率的变动幅度,因此,其所含的系统风险小于市场组合的风险;当某资产的 β 系数大于 1 时,说明该资产收益率的变动幅度大于市场组合收益率的变动幅度,因此,其所含的系统风险大于市场组合的风险。

八、投资必要收益率的确定

投资必要收益率＝无风险收益率＋风险收益率

习　题

任务一　资金时间价值计算

一、判断题

1. 每半年付息一次的债券利息是一种年金的形式。　　　　　　　　（　　）
2. 普通年金是指从第一期起,在一定时期内每期等额发生的系列收付款项。
　　　　　　　　　　　　　　　　　　　　　　　　　　　　　　（　　）
3. 资金时间价值是指资金的价值量的差额。　　　　　　　　　　　（　　）
4. 某人拟进行一项投资,希望进行该项投资后每半年都可以获得 1 000 元的收入,年收益率为 10%,则目前的投资额应是 20 000 元。　　　　　　　（　　）
5. 某人贷款 5 000 元,该项贷款的年利率是 6%,每半年计息一次,则 3 年后该项贷款的本利和为 5 955 元。　　　　　　　　　　　　　　　　　　　（　　）
6. 在本金和利率相同的情况下,若只有一个计息期,单利终值与复利终值是相同的。　　　　　　　　　　　　　　　　　　　　　　　　　　　　　（　　）
7. 企业 3 年分期付款购物,每年年初付 500 元。设银行利率为 8%,该项分期付款相当于企业现在一次性现金支付的购价为 1 042.57 元。　　　　　　（　　）
8. 甲方案在三年中每年年初付款 3 000 元,乙方案在三年中每年年末付款 3 000 元,若利率相同,则乙方案终值较大。　　　　　　　　　　　　　　　（　　）
9. 已知$(F/P,5\%,5)=1.276\ 3$,则由此可以算出$(P/A,5\%,5)=4.329\ 5$。
　　　　　　　　　　　　　　　　　　　　　　　　　　　　　　（　　）

二、单项选择题

1. 时间差异和利息率的存在所带来的货币价值差异额,就是(　　)。
　A. 资金的时间价值　　　　　　　B. 现值
　C. 终值　　　　　　　　　　　　D. 年金
2. 递延年金的终值大小,与(　　)无关。
　A. 本金　　　B. 利率　　　C. 递延期　　　D. 期数
3. 永续年金持续期无限,因此没有(　　)。
　A. 现值　　　B. 终值　　　C. 本金　　　D. 利率
4. 某人希望在 5 年末取得本利和 20 000 元,则在年利率为 2%,单利计息的方式下,现在应当存入银行(　　)元。
　A. 18 114　　　B. 18 181.82　　　C. 18 004　　　D. 18 000

5. 某公司目前向银行存入200万元,银行存款年利率为3%,在复利计息的方式下,该公司希望5年后可以获得本利和( )万元。$(F/P,3\%,5)=1.1593$。

　A. 230　　　　　B. 220.82　　　　C. 231.86　　　　D. 1 061.82

6. 某人分期购买一套住房,每年年末支付40 000元,分10次付清,假设年利率为2%,则该项分期付款相当于现在一次性支付( )元。$(P/A,2\%,10)=8.9826$。

　A. 400 000　　　B. 359 304　　　C. 43 295　　　　D. 55 265

7. 某企业进行一项投资,目前支付的投资额是10 000元,预计在未来6年内收回投资,在年利率是6%的情况下,为了使该项投资是合算的,那么企业每年至少应当收回( )元。$(P/A,6\%,6)=4.9173$。

　A. 1 433.63　　 B. 2 033.64　　　C. 2 023.64　　　D. 1 443.63

8. 企业取得借款100万元,借款的年利率是8%,每半年复利一次,期限为5年,则该项借款的终值是( )。

　A. $100\times(F/P,8\%,5)$　　　　　　B. $100\times(F/P,4\%,10)$
　C. $100\times(F/A,8\%,5)$　　　　　　D. $100\times(F/P,8.16\%,5)$

三、多项选择题

1. 复利的计算包括( )。

　A. 复利终值的计算　　　　　　　B. 复利现值的计算
　C. 年金终值的计算　　　　　　　D. 年金现值的计算
　E. 复利贴现的计算

2. 年金按收付的次数和时间划分,可分为( )。

　A. 普通年金　　B. 预付年金　　C. 递延年金　　D. 永续年金
　E. 偿债基金

3. 年金是指一定时期内每期等额收付的系列款项,下列各项中属于年金形式的是( )。

　A. 按照直线法计提的折旧　　　　B. 零存整取的零存额
　C. 融资租赁的租金　　　　　　　D. 养老金

4. 下列说法中正确的是( )。

　A. 普通年金终值系数和偿债基金系数互为倒数
　B. 复利终值系数和复利现值系数互为倒数
　C. 普通年金终值系数和普通年金现值系数互为倒数
　D. 普通年金现值系数和资本回收系数互为倒数

5. 复利的计息期可以是( )

　A. 一年　　　　B. 月份　　　　C. 季度　　　　D. 日

四、业务题

1. 某公司用500 000元投资一项目,投资期为5年,每年的投资报酬率为8%。

问：该项目5年后的本利之和为多少元？

2. 某公司计划8年后能得到一笔1 000 000元的资金，现准备存入一笔钱，假定银行存款年利率为6%。问：现应存入银行多少钱？

3. 某公司有一投资项目，该项目投产后获利期为10年，在每年年终能获利80万元，假定资金时间价值为8%。问：10年的获利现值是多少？

4. 某公司有一工程，投资期为3年，每年年初向银行借款300万元投入，借款利息率为6%。问：3年后应归还银行借款的本息有多少？如果在第一年年初一次性投入，应投入多少钱？

5. 某公司准备购买一套设备，有两种付款方案可供选择：

(1) A方案，从现在起每年年初付款200万元，连续支付5年，共计1 000万元。

(2) B方案，从第6年起，每年年初付款300万元，连续支付5年，共计1 500万元。

假定利率为10%。问：该公司应选择哪种付款方式？

五、思考题

1. 什么是资金的时间价值？
2. 资金时间价值有什么作用？
3. 请说明用单利法和复利法计算资金时间价值的区别及适用性。
4. 请阐述用复利法和年金法计算资金时间价值的关系。

任务二　风险与收益衡量

一、判断题

1. 两种完全正相关的股票组成的证券组合不能抵消任何风险。（　　）
2. 已知短期国库券利率为5%，纯利率为4%，市场利率为8%，则通货膨胀补偿率为3%。（　　）
3. 方差和标准离差两个指标适用于任何决策方案的风险程度的比较。（　　）
4. 利率不仅包含时间价值，而且也包含风险价值和通货膨胀补偿率。（　　）
5. 若A投资方案的标准离差率为5.67%，B投资方案的标准离差率为3.46%，则可以判断B投资方案的风险一定比A投资方案的风险小。（　　）

二、单项选择题

1. 某种行为的不确定性称为（　　）。
A. 风险　　　　　B. 报酬　　　　　C. 概率　　　　　D. 期望值

2. 无风险报酬率是指（　　）。
A. 期望报酬率　　B. 时间价值　　　C. 标准离差　　　D. 标准离差率

3. 下列各项中（　　）会引起企业财务风险。
A. 举债经营　　　　　　　　　　　B. 生产组织不合理
C. 销售决策失误　　　　　　　　　D. 新材料出现

三、多项选择题

1. 财务管理中的风险包括（　　）。
   A. 风险型 B. 完全不确定型
   C. 经营风险 D. 财务风险
   E. 市场风险

2. 对风险的衡量，一般使用的指标有（　　）。
   A. 概率分布 B. 期望值 C. 标准离差 D. 标准离差率
   E. 无风险报酬率

3. 在财务管理中，经常用来衡量风险大小的指标有（　　）。
   A. 标准离差 B. 标准离差率
   C. 风险报酬率 D. 无风险报酬率

4. 风险控制对策包括以下（　　）方面。
   A. 规避风险 B. 减少风险 C. 转移风险 D. 接受风险

5. 关于风险的衡量，下列说法中正确的有（　　）。
   A. 可以采用资产的预期收益率衡量风险
   B. 如果两个方案进行比较，则标准离差大的方案风险一定大
   C. 如果两个方案进行比较，则标准离差率大的方案风险一定大
   D. 预期收益率不同的方案之间的风险比较只能使用标准离差率指标

四、业务题

某企业有甲、乙两个投资项目，计划投资额均为 1 000 万元，其收益率的概率分布如表 2-5 所示。

表 2-5　　　　　　　　甲、乙两个投资项目的收益率概率分布

市场状况	概率	甲项目	乙项目
好	0.2	20%	30%
一般	0.6	10%	10%
差	0.2	5%	-10%

要求：

1. 分别计算甲、乙两个项目收益率的期望值。
2. 分别计算甲、乙两个项目收益率的标准离差。
3. 比较甲、乙两个投资项目风险的大小。
4. 如果无风险收益率为 5%，甲项目的风险价值系数为 10%，计算甲项目的投资风险收益率。

五、思考题

1. 请阐述风险的概念与种类。

2. 什么是经营风险？什么是财务风险？
3. 什么是系统风险？什么是非系统风险？
4. 控制风险有哪些对策？

项目实训一　资金时间价值的计算评价

一、任务目标

运用单利、复利、年金的终值与现值方法进行计算与评价。

二、任务描述

诚信天业公司 2×19 年 10 月 20 日拥有闲置流动资金 5 000 万元，在三年时间内可灵活运作，现有银行存款、购买国债和商品买卖三种运作方案，请选择最优方案。

三、操作准备

（1）学生分组。将学生以 6～8 人分为一组，选定正副组长负责组内工作。

（2）熟悉方案。由组长负责，组织小组人员对提供的方案进行研讨，明确任务目标。

（3）制订工作计划书。每个小组制订一份工作计划书，工作计划书根据工作内容，由小组学生讨论制订，并经指导老师审阅批准后实施。

四、操作流程

（1）各小组对资金时间价值的计算评价和任务工单进行全面了解。

（2）各小组讨论制订资金时间价值的计算评价工作计划书。

（3）指导老师审阅各小组资金时间价值的计算评价工作计划书，并签批。

（4）各小组根据任务目标和任务工单进行计算、评价。

（5）各小组撰写资金时间价值的计算评价报告。

（6）各小组制作 PPT 汇报交流材料。

五、实训材料

（一）任务工单

2×19 年 10 月金融机构人民币存款基准利率：

(1) 整存整取。

三个月 3.15；

半年 3.51；

一年 3.87；

二年 4.41；

三年 5.13；

五年 5.58。

（2）零存整取、整存零取、存本取息。

一年 3.15；

三年 3.51；

五年 3.87。

（3）定活两便，按一年以内定期整存整取同档次利率打 6 折。

2×19 年 10 月国家国债发行公告如下：

根据国家国债发行的有关规定，财政部决定发行 2×19 年凭证式（五期）国债（以下简称本期国债），现将有关事项公告如下：

一、本期国债发行总额 200 亿元，其中 3 年期 140 亿元，票面年利率 5.53%；5 年期 60 亿元，票面年利率 5.98%。

二、本期国债发行期为 2×19 年 10 月 20 日至 2×20 年 10 月 19 日。各承销机构在规定的额度内发售本期国债。本期国债从购买之日开始计息，到期一次还本付息，不计复利，逾期兑付不加计利息。

三、本期国债为记名国债，以填制"凭证式国债收款凭证"的方式按面值发行，可以挂失，可以质押贷款，但不能更名，不能流通转让。个人购买凭证式国债实行实名制，具体办法比照国务院公布的《个人存款账户实名制规定》（国务院令第 285 号）办理。

四、在购买本期国债后如需变现，投资者可随时到原购买网点提前兑取。提前兑取时，按兑取本金的 1‰ 收取手续费，并按实际持有时间及相应的分档利率计付利息。

从购买之日起，3 年期和 5 年期凭证式国债持有时间不满半年的，不计付利息；满半年不满 1 年按 0.72% 计息；满 1 年不满 2 年的，按 3.15% 计息；满 2 年不满 3 年的，按 4.14% 计息；5 年期凭证式国债持有时间满 3 年不满 4 年的，按 5.49% 计息，满 4 年不满 5 年的，按 5.76% 计息。

五、公告公布日至发行结束日，如遇银行储蓄存款利率调整，尚未发行的本期国债票面利率，在利率调整日按 3 年期、5 年期银行储蓄存款利率调整的相同百分点作同向调整，提前兑取分档利率另行通知。

六、本期国债面向社会公开发行，投资者可到中国工商银行、中国农业银行、中国银行、中国建设银行以及部分股份制商业银行、城市商业银行、农村商业银行等 39 家凭证式国债承销团成员的营业网点购买。

2×19 年 10 月商品买卖市场行情如表 2-6 所示。

表 2-6　　　　　　　　　　螺纹钢市场行情

品名	规格	材质	钢厂/产地	现金含税进价/（元/吨）	现金含税售价/（元/吨）
螺纹钢	φ12 mm	HRB335	宝钢	4 810	5 010
螺纹钢	φ14 mm	HRB335	宝钢	4 810	5 010
螺纹钢	φ16 mm	HRB335	宝钢	4 590	4 790
螺纹钢	φ18 mm	HRB335	宝钢	4 590	4 790

钢材买卖一年周转三次，经营费用为毛利的 40%。

（二）完成任务

1. 编制资金时间价值计算评价工作计划书（表 2-7）

表 2-7　　　　　　　　　资金时间价值计算评价工作计划书

计算评价的主要内容	实施时间	实施形式	主要负责人

其他：

学习小组组长：　　　　　学习小组成员：

　　　　　　　　　　　　　　　　　　　　　　　　年　月　日

指导老师审阅意见：

　　　　　　　　　　　　　　　　　　　　签名：　　年　月　日

2. 编制资金时间价值计算评价报告（表 2-8）

表 2-8　　　　　　　　　资金时间价值计算评价报告

一、银行存款计算

二、购买国债计算

三、商品买卖计算

四、综合评价与结论

　　　　　　　　　　　　　　　　　　　　　　学习小组成员签字：

六、讨论评价

（1）各小组用 PPT 汇报交流，时间不超过 10 分钟。

（2）各小组听取汇报交流并打分互评。

（3）指导老师打分并点评。

项目实训二　风险收益的计算评价

一、任务目标

运用单项资产的风险衡量、风险收益率进行任务的选择与评价。

二、任务描述

假设你是诚信天业公司的财务经理,准备进行对外投资,现有三家公司可供选择,分别是信凯公司、丽卫公司和华德公司。要求作出选择。

三、操作准备

(1) 学生分组。将学生以 6~8 人分为一组,选定正副组长负责组内工作。
(2) 熟悉方案。由组长负责,组织小组人员对提供的方案进行研讨,明确任务目标。
(3) 制订工作计划书。每个小组制订一份工作计划书,工作计划书根据工作内容,由小组学生讨论制订,并经指导老师审阅批准后实施。

四、操作流程

(1) 各小组对风险收益的计算评价和任务工单进行全面了解。
(2) 各小组讨论制订风险收益的计算评价工作计划书。
(3) 指导老师审阅各小组风险收益的计算评价工作计划书,并签批。
(4) 各小组根据任务目标和任务工单进行计算、评价。
(5) 各小组撰写风险收益分析评价报告。
(6) 各小组汇报、交流。

五、实训材料

(一) 任务工单

三家公司的年报酬率以及概率的资料如表 2-9 所示:

表 2-9　　　　　　　　三家公司的年报酬率以及概率

市场状况	发生的概率	投资报酬率/%		
		信凯公司	丽卫公司	华德公司
繁荣	0.3	40	50	60
一般	0.5	20	20	20
衰退	0.2	0	−15	−30

假设信凯公司的风险报酬系数为 8%,丽卫公司的风险报酬系数为 9%,华德公司的风险报酬系数为 10%。作为一名稳健的投资者,欲投资于期望报酬率较高且风险报酬率较低的公司,请你作出选择。

（二）完成任务

1. 编制风险收益计算评价工作计划书（表2-10）

表2-10　　　　　　　　　　风险收益计算评价工作计划书

计算评价的主要内容	实施时间	实施形式	主要负责人

其他：

学习小组组长：　　　　　　学习小组成员：

年　月　日

指导老师审阅意见：

签名：

年　月　日

2. 编制风险收益计算评价报告（表2-11）

表2-11　　　　　　　　　　风险收益计算评价报告

一、计算三家公司的期望报酬率

二、计算各公司期望报酬率的标准离差

三、计算各公司投资报酬率的标准离差率

四、引入风险报酬系数，计算风险报酬率

五、综合分析、决策

学习小组成员签字：

六、讨论评价

（1）各小组汇报、交流，时间不超过10分钟。

（2）各小组听取汇报、交流并打分互评。

（3）指导老师打分并点评。

项目三　资金筹集管理

学习指导

一、资金筹集的目的与要求

1. 资金筹集的概念

资金筹集简称筹资,是指企业为了满足自身的生产经营活动需要,而从企业内部或外部筹措资金的活动。

2. 资金筹集的目的

依法设立企业、扩大经营规模、偿还原有债务、优化财务结构、应付偶发事件。

3. 筹集资金的要求

认真选择投资项目、合理确定筹资额度、依法足额募集资本、适度举债、科学把握投资方向。

二、资金筹集的渠道与方式

1. 资金筹集的渠道

资金筹集的渠道是指企业取得资金的来源。当前,国有企业的资金筹集渠道有:国家资金、银行信贷资金、非银行金融机构资金、其他法人单位资金、民间资金、企业内部形成的资金、境外资金。

2. 资金筹集方式

资金筹集方式是指取得资金的具体方法和形式,即如何取得资金,它体现了公司拟筹资金的性质。企业筹资方式如表 3-1 所示。

表 3-1　　　　　　　　　　　　　　　筹资方式比较

筹资方式	资金性质	优点	缺点
吸收直接投资	权益性资金	1. 有利于增强企业信誉； 2. 有利于尽快形成生产能力； 3. 财务风险较低	1. 资本成本较高； 2. 容易分散企业控制权； 3. 不利于产权交易
发行股票	权益性资金	1. 股本没有固定的到期日，无须偿还； 2. 提高公司信誉，增强举债能力	1. 资本成本高； 2. 容易分散公司的控制权； 3. 有可能导致股价下跌
银行借款	债务性资金	1. 筹资速度快； 2. 筹资弹性大； 3. 筹资成本低； 4. 发挥财务杠杆作用	1. 筹资风险大； 2. 限制条款较多； 3. 筹资数量有限
商业信用	债务性资金	1. 限制条件少； 2. 融资便利； 3. 筹资成本低	1. 融资期限较短，若享受现金折扣则期限更短； 2. 放弃现金折扣的资本成本很高
发行债券	债务性资金	1. 资本成本较低； 2. 保证股东对公司的控制权； 3. 可产生财务杠杆作用； 4. 可转移通货膨胀风险	1. 筹资风险高； 2. 限制条件多； 3. 筹资额有限
融资租赁	债务性资金	1. 迅速获得所需资产； 2. 筹资限制较少； 3. 免遭设备陈旧过时的风险； 4. 财务风险较小； 5. 具有财务杠杆作用	1. 成本较高； 2. 在财务困难时期，支付固定的租金也将构成一项沉重的负担； 3. 可能失去享受设备残值的机会

三、资金需求量预测的方法

资金是企业进行生产经营活动的基本条件，企业为达到生产经营的预期目标所需要的资金数额，即为企业的资金需要量。正确预测资金需要量，是财务预测的一个重要内容。资金需要量预测的方法主要有：销售百分比法、线性回归分析法和预计资产负债表法。

1. 销售百分比法

销售百分比法的基本原理及步骤如表 3-2 所示。

表 3-2　　　　　　　　　　　　　　　销售百分比法

预测方法	基本原理	基本步骤	说　　明
销售百分比法	销售百分比法是在假定某些资产、负债与销售额之间存在稳定的百分比关系的前提下，根据预计销售额和相应的百分比，预计资产、负债和所有者权益变动额，预测未来融资需求的一种方法	第一步，对历史数据资料进行审核以判断哪些财务报表项目与销售成比例变化，并计算出相关项目与销售额的百分比	确定敏感项目和非敏感项目；计算敏感项目占销售的百分比
		第二步，运用一定方法预测销售额	可采用的预测方法有趋势分析法、因素分析法、销售增长率法等
		第三步，借助推断出的历史百分比和最新估计的销售额，估计预测期的单个财务报表项目	资产（负债）= 预计销售额 × 各项目销售百分比； 预计留存收益增加额 = 预计销售额 × 计划销售净利率 × 留存收益率
		第四步，根据会计恒等公式估计预测期的融资需求量	计算公式：外部筹资额 = 新增销售额 ×（敏感性资产占销售收入的百分比 − 敏感性负债占销售收入的百分比）− 预计销售额 × 销售净利率 × 留用利润比例

2. 线性回归分析法

线性回归分析法的基本原理与步骤如表 3-3 所示。

表 3-3

预测方法	基本原理	基本步骤	说明
线性回归分析法	线性回归分析法是假定资金需要量与业务量之间存在线性关系并建立数学模型,然后根据历史有关资料,用回归直线方程确定参数预测资金需要量的一种方法	资金习性分析	按照资金同产销量的依存关系可将资金划分为:不变资金、变动资金、半变动资金
		第一步,根据资料整理计算出线性回归分析资料,建立数学模型	$\begin{cases} \sum y = na + b\sum x \\ \sum xy = a\sum x + b\sum x^2 \end{cases}$ 求得 a、b 值,建立直线方程式 $y = a + bx$ a、b 值也可采用高低点法确定
		第二步,预测资金需求	根据确定的模型和预计业务量预测资金需求

四、权益资本筹集

权益资本也称自有资金,是指企业通过吸收直接投资、发行股票、内部积累等方式筹集的资金。

目前我国企业权益资本筹集的方式主要有:吸收直接投资、发行普通股、发行优先股、利用留存收益等。

1. 吸收直接投资

吸收直接投资是指企业按照"共同投资、共同经营、共担风险、共享收益"的原则,直接吸收国家、法人、社会公众投入资金的一种筹资方式。吸收直接投资可以分为吸收国家投资、法人投资和社会公众投资等。

吸收直接投资的基本程序:第一步,确定筹资数量;第二步,寻找投资单位;第三步,协商和签订投资协议;第四步,取得筹集的资金。

2. 发行普通股

股票是股份公司为筹集权益资金依法发行的具有平等权利和义务的有价证券,它代表了股东对企业的所有权。股票作为一种所有权凭证,体现着股东对发行公司净资产的所有权。股票的分类如图 3-1 所示。

$$\text{股票分类}\begin{cases} \text{按股东的权利和义务不同}\begin{cases}\text{普通股}\\\text{优先股}\end{cases}\\ \text{按股票是否记名}\begin{cases}\text{记名股票}\\\text{无记名股票}\end{cases}\\ \text{按发行对象和发行地点不同}\begin{cases}\text{A 股}\\\text{B 股}\\\text{H 股}\\\text{N 股}\\\text{S 股}\end{cases}\end{cases}$$

图 3-1 股票分类

发行股票的一般程序为：发起人认足股份、缴付股资；提出公开募集股份的申请；公开招股说明书，签订承销协议；招认股份，缴纳股款；召开创立大会，选举董事会、监事会；办理公司设立登记，交割股份。

我国《证券法》规定，股份有限公司申请股票上市，应当符合以下条件：

① 股票经国务院证券监督管理机构核准已公开发行。

② 公司股本总额不少于人民币3 000万元。

③ 公开发行的股份达到公司股份总数的百分之二十五以上；公司股本总额超过人民币4亿元的，公开发行股份的比例为10%以上。

④ 公司最近3年内无重大违法行为，财务会计报告无虚假记载。

⑤ 国务院规定的其他条件。

上市公司有下列情形之一的，由证券交易所决定终止其股票上市交易：

① 公司股本总额、股权分布等发生变化不再具备上市条件，在证券交易所规定的期限内仍不能达到上市条件。

② 公司不按照规定公开其财务状况，或者对财务会计报告作虚假记载，且拒绝纠正。

③ 公司最近3年连续亏损，在其后一个年度内未能恢复盈利。

④ 公司解散或者被宣告破产。

⑤ 证券交易所上市规则规定的其他情形。

3. 发行优先股

优先股是股份公司依法发行的，在分配公司收益和剩余财产方面比普通股具有一定优先权的股票。

4. 利用留存收益

留存收益是企业税后利润形成的，包括盈余公积和未分配利润。利用留存收益的主要特点是无到期日、无须还本、可供企业长久使用。

五、债务资本筹集

债务资本筹资指公司以负债方式借入并到期偿还的资金，包括短期借款、长期借款、应付债券、长期应付款等方式筹资。

1. 银行借款

银行借款是指企业向银行或其他非银行金融机构借入的、需要还本付息的款项。包括偿还期限超过1年的长期借款和不足1年的短期借款，主要用于企业构建固定资产和满足流动资金周转的需要。

向银行借款的基本程序：第一，向银行提出借款申请；第二，银行审批；第三，签订借款合同；第四，取得借款。

2. 利用商业信用

商业信用是指商品交易中以延期付款或延期交货所形成的借贷关系，是企业之间的直接信用行为，属于自然性融资。其具体形式通常有：预收账款；延期付款，但不提供现金折扣;延期付款,但早付款可享受现金折扣。

3. 发行债券

债券是经济主体为筹集资金而发行的,用以记载和反映债权债务关系的有价证券。公司债券是指公司依照法定程序发行、约定在一定期限还本付息的有价证券。公司债券可按以下标准分类(图3-2):

```
          ┌ 按债券是否记名 ┬ 记名债券
          │                └ 无记名债券
债券 ─────┤ 按债券能否转换为公司股票 ┬ 可转换债券
          │                          └ 不可转换债券
          └ 按有无特定的财产担保 ┬ 信用债券
                                  └ 抵押债券
```

图 3-2　公司债券的分类

发行公司债券的程序:①作出发行债券的决议;②提出发行债券的申请;③制定募集办法并予以公告;④募集借款。

债券发行价格通常有三种:平价、溢价和折价。平价是指以债券的票面金额为发行价格;溢价是指以高出债券票面金额的价格为发行价格;折价是指以低于债券票面金额的价格为发行价格。

4. 融资租赁

融资租赁是指由租赁公司按照承租单位的要求融资购买设备,并在契约或合同规定的较长期限内提供给承租企业使用的融资信用业务。融资租赁的具体形式有:直接租赁、售后租回、杠杆租赁三种。

融资租赁的基本程序:①选择租赁公司。②理租赁委托。③签订购货协议。④订租赁合同。⑤办理验货、付款与保险。⑥支付租金。⑦合同期满处理设备。

六、资本成本

(一)资本成本的概念和作用

1. 资本成本的概念

资本成本是指企业筹集和使用资金而付出的代价,通常包括筹资费用和资金占用费用(图3-3)。

```
              ┌ 筹资费用 ── 筹集资金过程中为取得资金而发生的各项费用。包括银行借
资本成本 ─────┤              款手续费,发行股票、债券等有价证券而支付的印刷费、评估
              │              费、公证费、宣传费及承销费等
              └ 占用费用 ── 在使用所筹资金的过程中向出资者支付的有关报酬,如银行
                            借款和债券的利息、股票的股利等
```

图 3-3　资本成本的分类

2. 资本成本的作用

资本成本是衡量资本结构优化程度的标准,也是对投资获得经济效益的最低要

求。资本成本的作用主要表现在：个别资本成本是比较各种筹资方式、选择筹资方案的依据；加权平均资本成本是衡量资本结构是否优化的重要依据；边际资本成本是选择追加筹资方案的重要依据；资本成本是评价投资项目可行性的主要依据；资本成本是评价企业整体业绩的重要依据。

（二）计算个别资本成本

个别资本成本的计算方法如表3-4所示。

表3-4　　　　　　　　　　　个别资本成本计算方法

筹资方式	资本成本计算公式	说　　明
长期借款	长期借款成本率 $= \dfrac{\text{长期借款本金} \times \text{年利率} \times (1-\text{所得税税率})}{\text{长期借款本金} \times (1-\text{筹资费率})} \times 100\%$	简化计算公式： 长期借款成本率 $= \dfrac{\text{年利率} \times (1-\text{所得税税率})}{(1-\text{筹资费率})} \times 100\%$
发行公司债券	债券资本成本率 $= \dfrac{\text{债券面值} \times \text{票面利率} \times (1-\text{所得税税率})}{\text{债券发行价格} \times (1-\text{筹资费率})} \times 100\%$	当债券溢价或折价发行时，仍按债券面值、票面利率计算年利息，而筹资额以发行价格计算
发行优先股	优先股成本率 $= \dfrac{\text{优先股面值} \times \text{年股息率}}{\text{优先股发行价格} \times (1-\text{筹资费率})} \times 100\%$	
发行普通股	1. 固定股利模型 普通股资本成本率 $= \dfrac{\text{每年固定股利}}{\text{普通股发行价格} \times (1-\text{筹资费率})} \times 100\%$ 2. 固定股利增长模型 普通股资本成本率 $= \dfrac{\text{第一年预期股利}}{\text{普通股发行价格} \times (1-\text{筹资费率})} \times 100\% + \text{股利固定增长率}$ 3. 资本资产定价模型 普通股资本成本率 ＝无风险报酬率＋$\beta \times$（市场组合收益率－无风险报酬率）	
利用留存收益	留存收益成本参照普通股来进行计算	利用留存收益无筹资费用

（三）计算加权平均资本成本与边际资本成本

加权平均资本成本与边际资本成本的计算方法如表3-5所示。

表 3-5　　　　　　　加权平均资本成本与边际资本成本计算方法

项　目	资本成本计算公式	说　　明
加权平均资本成本	$K_w = \sum_{j=1}^{n} K_j W_j$	权数的选择有三种：账面价值权数、市场价值权数、目标价值权数。按目标价值权数计算得出的加权平均资本成本更适用于企业筹措新资金
边际资本成本	1.确定目标资本结构； 2.测算个别资本成本； 3.计算筹资总额突破点； 　筹资总额突破点 　$= \dfrac{某种筹资方式资本成本分界点}{目标资本结构中该方式所占比重}$ 4.计算边际资本成本：$K_w = \sum_{j=1}^{n} K_j W_j$	1.个别资本成本在不同的筹资范围内是可变的； 2.边际资本成本需用加权平均的方法计算

七、最优资本结构

（一）杠杆效应与风险分析

1. 成本习性

成本习性是指成本总额与业务量之间在数量上存在的依存关系。成本按习性可划分为固定成本、变动成本和混合成本三类（图 3-4）。

$$成本\begin{cases}固定成本\begin{cases}约束性固定成本\\酌量性固定成本\end{cases}\\变动成本\begin{cases}技术性变动成本\\酌量性变动成本\end{cases}\\混合成本\begin{cases}半变动成本\\半固定成本\end{cases}\end{cases}$$

图 3-4　成本的种类

2. 贡献边际

贡献边际是指销售收入与变动成本的差额。其计算公式为：

$$\begin{aligned}边际贡献 &= 销售收入 - 变动成本\\&= (销售单价 - 单位变动成本) \times 产销量\\&= 单位边际贡献 \times 产销量\end{aligned}$$

$$边际贡献率 = \dfrac{边际贡献}{销售收入} \times 100\% = \dfrac{单位边际贡献}{单价} \times 100\%$$

3. 息税前利润

息税前利润是指企业支付利息和缴纳所得税之前的利润。其计算公式为：

$$\begin{aligned}息税前利润 &= 销售收入 - 变动成本 - 固定成本\\&= (销售单价 - 单位变动成本) \times 产销量 - 固定成本\\&= 边际贡献总额 - 固定成本\end{aligned}$$

4. 杠杆效应

(1) 杠杆效应的分类(图 3-5)。

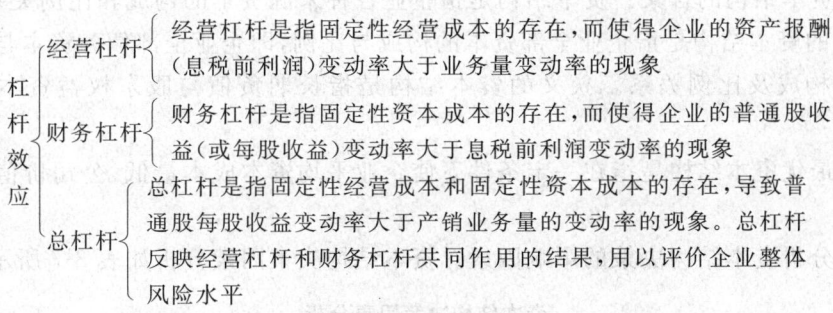

图 3-5　杠杆效应的分类

(2) 杠杆效应的衡量。杠杆效应的衡量方法如表 3-6 所示。

表 3-6　　　　　　　　　　　杠杆效应的衡量方法

杠杆种类	衡量指标	计算公式	要点
经营杠杆	经营杠杆系数 DOL	定义公式：$DOL = \dfrac{\Delta EBIT/EBIT}{\Delta x/x}$ 简化公式：$DOL = \dfrac{TCM}{TCM-a} = \dfrac{EBIT+a}{EBIT}$	1. 只要有固定成本，就存在经营杠杆效应； 2. 在其他条件不变的情况下，固定成本越大，经营杠杆系数越大，经营风险也越大，反之也就越小； 3. 在息税前利润大于 0 的情况下，只要存在固定成本，经营杠杆系数恒大于 1
财务杠杆	财务杠杆系数 DFL	定义公式：$DFL = \dfrac{\Delta EPS/EPS}{\Delta EBIT/EBIT}$ 简化公式：$DFL = \dfrac{EBIT}{EBIT-I}$	1. 只要企业存在固定性财务费用，就存在财务杠杆效应； 2. 当企业固定性财务费用为 0 时，财务杠杆系数等于 1； 3. 在资本总额、息税前利润相同的情况下，负债比率越高，财务杠杆系数越大，财务风险也越大，但预期每股收益也越大
总杠杆	总杠杆系数 DCL	定义公式： $DCL = DOL \times DFL$ $= \dfrac{\Delta EPS/EPS}{\Delta x/x}$ 简化公式： $DCL = \dfrac{TCM}{TCM-a-I}$	1. 只要企业同时存在固定的生产经营成本和固定财务费用，就存在总杠杆效应； 2. 在其他因素不变的情况下，总杠杆系数越大，企业风险越大，反之，企业风险越小； 3. 从总杠杆系数与经营杠杆系数和财务杠杆系数之间的关系可知，为达到某一总杠杆系数，经营杠杆系数与财务杠杆系数可以有很多不同的组合

(二)优化资本结构

1. 理解资本结构

(1)资本结构的含义。资本结构是指企业各种来源资本的构成和比例关系。

广义的资本结构是指企业全部资本的构成与比例,即企业全部债务资本与股权资本之间的构成及比例关系。狭义的资本结构是指长期负债与股东权益资本的构成比率。

(2)最优资本结构是指在一定条件下使企业平均资本成本最低、公司价值最大的资本结构。

(3)分析资本结构决策的影响因素。资本结构决策因素分析如表3-7所示。

表 3-7   资本结构决策因素分析

影响因素	要点
税收政策	所得税税率越高,负债的好处越多,倾向于负债筹资; 所得税税率越低,采用举债方式的减税利益就不十分明显,倾向于股权筹资
货币政策	货币政策影响资本供给,从而影响利率水平的变动,也会影响到企业资本结构
行业因素	不同行业,资本结构有很大差别
企业规模	企业规模越大,筹集资本的方式就越多,筹资成本低,筹资能力强; 中小型企业筹资方式比较单一,筹资成本高,筹资能力弱
企业经营状况的稳定性和成长性	企业的销售比较稳定,有能力负担较多的财务费用,可选择债务比例较高的资本结构; 企业初创阶段,经营风险高,应控制负债比例; 企业成熟阶段,经营风险较低,可适度增加债务资本比重,发挥财务杠杆效应; 企业衰退阶段,经营风险逐步加大,应逐步降低债务资本比重
企业财务状况和信用等级	财务状况好、信用等级高,筹资能力强,容易获得债务资本; 企业财务状况欠佳,信用等级不高,降低企业获得信用的能力,加大债务资本筹资的资本成本
企业资产结构	拥有大量固定资产的企业,主要通过长期负债和发行股票筹集资本; 拥有较多流动资产的企业,更多依赖流动负债来筹集资本; 资产适用于抵押贷款的企业,举债额较多; 以技术研究开发为主的公司,负债很少
企业决策者的态度	冒险型的决策者,可能会安排较高的负债比例; 稳健型的决策者,可能会安排较低的债务比例

2. 利用不同方法进行最优资本结构决策

最佳资本结构决策方法如表3-8所示。

表 3-8 最优资本结构决策方法

方法	应用步骤	计算公式及决策原理	优点	缺点
比较资本成本法	第一步,计算各备选方案的个别资本成本	个别资本成本是指各种筹资方式的成本,主要包括债券成本、银行借款成本、优先股成本、普通成本和留存收益成本,前两者可统称为负债资金成本,后三者统称为权益资本成本	计算简便;通俗易懂	仅限于几种备选方案的比较,可能遗漏最优方案
	第二步,计算各备选方案的加权平均资本成本	计算公式:$K_w = \sum_{j=1}^{n} K_j W_j$		
	第三步,比较各备选方案的加权平均资本成本,选择最优资本结构	决策原理:加权平均资本成本越低,方案越优		
每股收益无差别点法	第一步,列出不同筹资方式下每股收益计算式	$EPS = \dfrac{(EBIT - I) \times (1-T)}{N}$	容易理解	追求高每股收益的同时,可能加大财务风险
	第二步,设 $\overline{EBIT}$ 为两种筹资方式每股收益相等时的息税前利润,令两种筹资方式每股收益相等。解出上式中的 $\overline{EBIT}$,即每股收益无差别点	$\dfrac{(\overline{EBIT} - I_1) \times (1-T)}{N_1}$ $= \dfrac{(\overline{EBIT} - I_2) \times (1-T)}{N_2}$ $= \dfrac{I_1 \cdot N_2 - I_2 \cdot N_1}{N_2 - N_1}$		
	第三步,比较实际或预计 $EBIT$ 与 $\overline{EBIT}$ 的大小,作出筹资方案的选择	决策原理: 1. 当实际或预计息税前利润大于每股收益无差别点的息税前利润时,运用债务资本筹资方式可获得较高的每股收益; 2. 当实际或预计息税前利润小于每股收益无差别点的息税前利润时,运用权益资本筹资方式可获得较高的每股收益; 3. 当实际或预计息税前利润等于每股收益无差别点的息税前利润时,运用债务资本与权益资本筹资方式获得的每股收益一致,此时选择两种方式均可		

习 题

任务一 资金需求量预测

一、判断题

1. 定量预测法是根据变量之间存在的数量关系,建立数学模型进行预测的方法。

( )

2. 股利支付率越高,外部融资需求越小;销售净利率越大,外部融资需求越大。
( )

3. 在销售百分比法下,外部融资需求量＝资产增加额－负债增加额＋内部资金来源。
( )

4. 根据资金习性的不同,可以将资金划分为不变资金、变动资金和混合资金。
( )

5. 半变动资金是指在一定的产销量范围内,随产销量变动而变动,但不呈同比例变动的那部分资金。
( )

6. 企业按照销售百分比法预测的资金需要量,是企业在未来一定时期资金需要量的增量。
( )

7. 利用销售百分比法预测资金需要量时,实收资本、公司债券、短期借款、应付费用等一般不随销售的增加而自动增加,为非敏感负债项目。
( )

8. 当企业采用销售百分比法预测的外部融资需求量为负值时,说明企业不但不需要外部融资,且资金尚有剩余。
( )

9. 资金习性分析可以从数量上掌握资金与销售量之间的规律,对准确地预测资金需要量有很大帮助。
( )

10. 运用高低点法预测资金需要时,高点指的最高资金占用期所对应的收入点。
( )

二、单项选择题

1. 一般适用于具备完整可靠的历史资料的预测方法是(　　)。
   A. 定量预测法　　　　　　　　B. 定性预测法
   C. 因果预测法　　　　　　　　D. 因素预测法

2. 下面属于定性预测法特点的是(　　)。
   A. 历史资料健全　　　　　　　B. 预测结果较客观
   C. 不易受专家个人意见影响　　D. 主观性强

3. 下面属于定量分析方法的是(　　)。
   A. 专家意见法　　　　　　　　B. 回归直线法
   C. 德尔菲法　　　　　　　　　D. 趋势预测法

4. 某企业2019年销售额为2 000万元,销售净利率为6%,股利支付率为40%,则留存收益为(　　)。
   A. 80万元　　　　　　　　　　B. 75万元
   C. 72万元　　　　　　　　　　D. 70万元

5. 某企业2019年的销售额为1 500万元,销售净利率为5%,预计2020年销售将增长10%,并且保持2019年的盈利水平,则净利润预计增加额为(　　)。
   A. 8.5万元　　　　　　　　　　B. 7.5万元
   C. 6.5万元　　　　　　　　　　D. 5.5万元

6. 关于利用销售百分比法外部融资需求量预测计算公式正确的是( )。
   A. 外部融资需求量＝资产增加－预计总负债－预计股东权益
   B. 外部融资需求量＝资产增加－负债自然增加－留存收益的增加
   C. 外部融资需求量＝预计总资产－负债自然增加－留存收益的增加
   D. 外部融资需求量＝预计总资产－负债自然增加－预计股东权益增加
7. 高低点法中的高点是指( )。
   A. 最高销售额期资金占用额 B. 最高销售额
   C. 各期中最高资金占用额   D. 各期中最高销售额

三、多项选择题

1. 采用销售百分比法预测资金需要量时,下列随销售变动而变动的负债项目有( )。
   A. 长期借款   B. 应付账款
   C. 应付费用   D. 短期借款
2. 运用线性回归分析法预测资金需要量时应注意的问题主要有( )。
   A. 资金需要量与业务量之间线性关系的假定符合实际需要
   B. 一般应选择预测期前连续若干期的历史资料
   C. 企业的历史资料比较健全
   D. 应考虑价格等因素的变动影响
3. 企业筹资应遵循的原则有( )。
   A. 合法性原则   B. 及时性原则
   C. 适度性原则   D. 经济性原则

四、业务题

1. 某企业基期简化资产负债表如表3-9所示,基期销售收入为800万元,销售净利率为10%,股利分配率为40%,计划期预计销售收入将增长20%,企业生产能力已经饱和,增加销售需增加固定资产投资。若销售净利率和股利分配率仍保持上年水平,要求采用销售百分比法预测计划期企业需要从外部筹集的资金额。

表3-9　　　　　　　　　资产负债表　　　　　　　　　单位:万元

资产		负债和所有者权益	
库存现金	190	短期借款	160
应收账款	230	应付账款	125
存　货	220	应付费用	270
固定资产	210	长期借款	145
无形资产	90	所有者权益	240
合　计	940	合　计	940

2. 某企业产销量与资金需要量的资料如表 3-10 所示。

表 3-10　　　　　　　　　　产销量与资金需要量资料表

项　目	年　度				
	2015 年	2016 年	2017 年	2018 年	2019 年
产量/万件	110	100	120	130	140
资金需要量/万元	95	90	100	110	120

2020 年预计产量为 150 万元。要求：利用高低点法计算其资金需要量。

3. 某公司 2015—2019 年的销售量及资金需要量资料如表 3-11 所示。

表 3-11　　　　　　　　　　销售量及资金需要量资料表

年　份	销售量/万件	资金需要量/万元
2015 年	40	1 200
2016 年	30	1 350
2017 年	20	1 100
2018 年	50	2 000
2019 年	80	2 700

要求：若其 2020 年的销售量为 100 万件，用资金习性分析法预测 2020 年的资金需要量。

五、思考题

1. 简述资金筹集的目的与要求。
2. 简述资金筹集的渠道与方式。
3. 试比较普通股筹资与负债筹资的特点。
4. 简述资本成本的特点与意义。
5. 什么是经营风险？什么是财务风险？如何衡量经营风险和财务风险？

任务二　权益资本筹集

一、判断题

1. 筹资是指企业根据其对资金的需要，向企业外部有关单位或个人，通过一定的渠道，采取适当的方式，获取所需资金的一种行为。　　　　　　　　　　　（　　）
2. 吸收直接投资融资的主要缺点是筹资成本高、易分散控股权。　　　　（　　）
3. 发行普通股没有固定的利息负担，因此，其资本成本较低，财务风险小。
　　　　　　　　　　　　　　　　　　　　　　　　　　　　　　　　（　　）
4. 优先股具有优先分享盈余权、剩余财产优先求偿权和优先认股权等权利。
　　　　　　　　　　　　　　　　　　　　　　　　　　　　　　　　（　　）

5.吸收直接投资、发行股票等方式筹集的资金为权益资金;利用留存收益、利用商业信用、银行借款、发行债券等方式筹集的资金为负债资金。（　　）

6.留存收益是企业内部资金积累,属于权益资金。其项目包括资本公积、盈余公积和未分配利润等。（　　）

7.由于优先股股息具有固定性,因此优先股筹资也具有一定的财务杠杆作用,有利于提高普通股的收益率。（　　）

8.利用留存收益筹资的优点是不会分散公司控股权,能够增强公司信誉,提高筹资能力。（　　）

9.B股为人民币特种股票,由我国境内公司发行,境内上市交易,以外币标明面值,以外币认购和交易。（　　）

10.普通股股东的管理权具体来说主要包括投票权、查账权和阻止越权的权利。（　　）

二、单项选择题

1.企业在筹资时要科学预测资金需要量,合理确定筹资规模,遵循的原则是（　　）
   A.规模适当　　　　　　　　B.筹措及时
   C.来源合理　　　　　　　　D.方式经济

2.下列属于吸收直接投资优点的是（　　）。
   A.不易分散企业控股权　　　B.有利于增强企业信誉
   C.财务风险较高　　　　　　D.资本成本高

3.股票不具有的性质是（　　）。
   A.风险性　　　　　　　　　B.收益性
   C.限期性　　　　　　　　　D.价格波动性

4.普通股和优先股筹资方式共有的缺点是（　　）。
   A.财务风险大　　　　　　　B.筹资成本高
   C.容易分散控制权　　　　　D.筹资限制多

5.我国上市公司发行普通股不可以（　　）。
   A.平价发行　　　　　　　　B.溢价发行
   C.折价发行　　　　　　　　D.以上都不对

6.下列各项中,属于公开间接发行股票优点的是（　　）。
   A.发行范围广　　　　　　　B.发行成本低
   C.变现性差　　　　　　　　D.流通性强

7.股票上市的有利影响是（　　）。
   A.有助于改善公司财务状况
   B.有利于提高公司知名度
   C.有利于利用股票市场客观评价企业
   D.有利于利用股票激励员工

三、多项选择题

1. 企业筹资的动机主要有（　　）。
   A. 设立筹资　　　　　　　　　B. 扩张筹资
   C. 偿债筹资　　　　　　　　　D. 混合筹资

2. 下列各筹资方式中,能为企业筹集长期资金的有（　　）。
   A. 融资租赁　　　　　　　　　B. 发行优先股
   C. 发行普通股　　　　　　　　D. 利用商业信用

3. 普通股筹资的优点有（　　）。
   A. 没有固定利息负担　　　　　B. 没有固定到期日
   C. 资本成本较低　　　　　　　D. 筹资风险小

四、思考题

1. 简述权益资本筹资方式。
2. 简述吸收直接投资出资方式。
3. 简述普通股筹资的优缺点。

任务三　债务资本筹集

一、判断题

1. 商业银行以营利为目的,主要从事信贷资金投放、为企业提供各种政策性贷款的活动。（　　）
2. 应付账款是一种主要的商业信用形式,其特点是不必负担成本。（　　）
3. 由于可转换债券赋予持有人一种特殊的选择权,因此其利率通常低于普通债券。（　　）
4. 周转信贷协定是银行具有法律义务地承诺提供不超过某一最高限额的贷款协定。（　　）
5. 在有关现金折扣业务中,"1/20,n/30"是指:若付款方在2天内付款,可以享受10%的价格优惠,30天付全价。（　　）
6. 商业信用筹资属于直接信用行为,是一种自然性融资,其优点是容易取得,不必负担筹资成本。（　　）
7. 在债券面值和票面利率一定的情况下,市场利率越高,则债券的发行价格越低。（　　）
8. 相对于发行普通股筹资,发行债券筹资的优点是资本成本低,财务风险小。（　　）
9. 融资租赁融资可以避免设备陈旧淘汰的风险。（　　）
10. 补偿性余额的约束有助于降低银行贷款风险,但同时也减少了企业实际可动用借款额,提高了借款的实际利率。（　　）

二、单项选择题

1. 我国《公司法》规定,发行公司债券的公司累计债券余额不超过公司净资产额的（　　）。
   A. 20%　　　　B. 30%　　　　C. 40%　　　　D. 50%
2. 当债券票面利率大于市场利率时,债券应（　　）。
   A. 面值发行　　B. 溢价发行　　C. 折价发行　　D. 等价发行
3. 某企业按年利率5%向银行借款200万元,银行要求保留15%的补偿性余额,则该项贷款的实际利率为（　　）。
   A. 5%　　　　B. 5.88%　　　C. 6.55%　　　D. 9.5%

三、多项选择题

1. 短期银行借款筹资的优点包括（　　）。
   A. 财务风险小　　B. 限制条件少　　C. 筹资速度快　　D. 筹资成本低
2. 公司债券按有无特定的财产担保分为（　　）。
   A. 信用债券　　B. 抵押债券　　C. 可转换债券　　D. 不可转换债券
3. 融资租赁租金包括的项目有（　　）。
   A. 设备价款　　　　　　　　　B. 租赁公司融资成本
   C. 租赁手续费　　　　　　　　D. 设备处置费
4. 公司债券筹资与普通股筹资相比较（　　）。
   A. 公司债券筹资的资本成本相对较高　　B. 普通股筹资可以利用财务杠杆作用
   C. 公司债券利息可以税前列支　　　　　D. 普通股筹资的资本成本相对较低
5. 融资租赁筹资的优点有（　　）。
   A. 筹资速度快　　　　　　　　B. 设备淘汰风险小
   C. 资本成本较低　　　　　　　D. 财务风险较小
6. 融资租赁的形式有（　　）。
   A. 直接租赁　　B. 售后租回　　C. 杠杆租赁　　D. 间接租赁
7. 丧失现金折扣的成本随（　　）。
   A. 折扣率的提高而降低　　　　B. 信用期的延长而降低
   C. 折扣期的延长而提高　　　　D. 折扣率的提高而提高

四、业务题

1. 某公司发行面值1 000元的5年期债券,票面利率6%,到期一次还本付息,不计复利。要求:当市场利率分别为4%、6%、8%时,计算其发行价格。
2. 某公司拟发行一种面值为100元、票面年利率为5%、期限为5年的债券,若当时市场利率为6%,要求:计算债券每年年末付息及到期一次还本时的发行价格。
3. 某企业拟采购一批零件,供应商规定的付款条件为:"1/10, n/30"。要求:计算放弃现金折扣成本;假设目前有一短期投资报酬率为30%,该公司是否放弃现金折扣,为什么?

4. 某公司从银行取得短期借款500万元,期限为1年,名义利率为8%。要求:计算收款法下的实际利率;计算贴现法下的实际利率及实际借款额;若银行规定补偿性余额为20%,计算可供企业使用的资金及实际利率;若银行规定补偿性余额为20%,并按贴现法付息,计算其补偿性余额、贴现法付息额及实际利率。

五、思考题

1. 简述银行借款筹资方式的优点和缺点。
2. 简述商业信用的定义和优缺点。
3. 简述融资租赁的特点和程序。

任务四 筹集资本成本

一、判断题

1. 资本成本是指企业为筹集而付出的代价,包括筹资费用和用资费用两部分。（   ）
2. 筹资费用是指企业在筹资过程中为取得资金而发生的各种费用,如借款手续费、发行股票、发行债券等证券的印刷费、评估费及承销费等。（   ）
3. 资本成本一般是指税前资本成本。
4. 用资费用是企业使用所筹资金过程中向出资者支付的有关报酬,如借款和债券的利息、股票的股利等。（   ）
5. 广义的资本成本既包括短期资本成本又包括长期资本成本,狭义资本成本仅指长期资本成本。（   ）
6. 资本成本计算的正确与否,是影响筹资决策和投资决策等的主要因素。（   ）
7. 资本成本既是筹资决策的主要依据,又是投资决策和评价企业业绩的主要依据。（   ）
8. 资本成本的高低是选择资金筹集方式必须考虑的关键因素之一。（   ）
9. 在个别资本成本一定的情况下,综合资本成本取决于资金总额。（   ）
10. 与平价发行相比,债券溢价发行能降低公司债券成本,而折价发行则会使债券成本升高。（   ）

二、单项选择题

1. 在个别资金成本的计算中,不必考虑筹资费用影响因素的是（   ）。
   A. 长期借款成本　　　　　　　　B. 债券成本
   C. 留存收益成本　　　　　　　　D. 普通股成本
2. 在个别资金成本的计算中,必须考虑所得税因素的是（   ）。
   A. 长期借款成本　　　　　　　　B. 优先股成本
   C. 留存收益成本　　　　　　　　D. 普通股成本

3. 一般情况下,下列筹资方式中资本成本最低的是( )。
A. 发行股票 B. 发行债券 C. 长期借款 D. 留存收益
4. 在计算加权平均资本成本时,不能使用的项目是( )。
A. 账面价值权数 B. 目标价值权数
C. 市场价值权数 D. 边际价值权数

三、多项选择题

1. 下列各项中,属于用资费用的有( )。
A. 股票发行费 B. 债券利息
C. 股票股息 D. 借款利息
2. 普通股筹资成本测算方法一般有( )三种。
A. 股利折现模型 B. 资本资产定价模型
C. 成本分析模型 D. 风险溢价模型
3. 影响加权平均资本成本的因素有( )。
A. 个别资本成本 B. 边际资本成本
C. 各种资金在总资金中所占比重 D. 货币时间价值
4. 计算债券资本成本时需要考虑的因素有( )。
A. 企业所得税税率 B. 债券发行价格
C. 债券面值 D. 票面利率及发行费率
5. 下列项目中属于筹资费用的有( )。
A. 借款手续费 B. 发行股票的印刷费
C. 发行股票评估费和承销费 D. 银行借款手续费
6. 资本成本的主要作用有( )。
A. 筹资决策的主要依据 B. 投资决策的"取舍率"
C. 企业绩效考评的主要依据 D. 职工业绩评价的主要依据

四、业务题

1. 某公司为开发新产品从银行借款筹资100万元,利率为10%,借款手续费为1%,期限为3年。该企业适用的所得税税率为25%。要求:计算银行借款资本成本。
2. 某公司拟采用发行债券,债券面值为1 000元,票面利率为12%,发行价格为1 050元,发行费用为发行总额的2%,期限为3年。该企业适用的所得税税率为25%。要求:计算银行债券资本成本。
3. 某公司发行普通股25万股,每股面值为1元,发行价格为每股10元,本年已按0.5元/股派发股利,预计以后每年将增长5%,发行费为筹资总额的2%。要求:计算普通股资本成本。
4. 某公司股票的 β 系数为1.3,目前的国库券收益率为6%,市场投资组合收益率为12%。要求:计算该股票资本成本。

5. 某企业拟筹资 200 万元,其中,向银行借款 50 万元,年利率为 5%,借款手续费为 0.1%;发行债券,面值为 40 万元,发行价格为 50 万元,年利率为 8%,发行费用为发行总额的 0.2%;发行普通股 25 万股,每股面值为 1 元,发行价格为每股 4 元,预计下一年股利为每股 0.5 元,今后将每年固定增长 5%,发行费为筹资总额的 2%。该企业所得税税率为 25%。要求:①计算每种筹资方式的资本成本。②计算加权平均资本成本。

五、思考题

1. 简述资本成本的概念和作用。

2. 分别简述考虑资金时间价值以及不考虑资金时间价值的资本成本计算模型。

任务五　最优资本结构

一、判断题

1. 一般来讲,企业的广告费、管理人员工资、按直线法计提的固定资产折旧、直接材料费用等属于固定成本。（　　）

2. 固定成本可分为约束性固定成本和酌量性固定成本。其中约束性固定成本是企业为维持一定的业务量所必须负担的最低成本。（　　）

3. 要降低约束性固定成本,就要在预算时精打细算,厉行节约,杜绝浪费,减少其绝对额收入。（　　）

4. 发行股票筹资,既能为企业带来杠杆利益,又具有抵税效应,所以企业在筹资时应优先考虑发行股票。（　　）

5. 一般来说,经营杠杆系数越大,经营风险越大。（　　）

6. 在相关范围内,单位变动成本受产量变动影响,产量越大,单位变动成本越小。（　　）

7. 财务杠杆是指企业存在固定利息和优先股股息而导致的每股利润变动率大于息税前利润变动率的杠杆效应。（　　）

8. 财务杠杆效应的大小通常用财务杠杆系数来衡量,财务杠杆系数越大,财务杠杆效应越大。（　　）

9. 如果企业负债资本为零,也没有发行优先股,则财务杠杆系数为 1。（　　）

10. 企业最优资本结构是指在一定条件下使企业自有资金成本最低的资本结构。（　　）

二、单项选择题

1. 在企业财务活动中,由于（　　）的存在而具有财务杠杆作用。
　A. 固定经营成本　　　　　　　　B. 固定融资成本
　C. 变动成本　　　　　　　　　　D. 所有者权益

2. 最佳资本结构是企业在一定条件下的（　　）。
A. 企业价值最大的资本结构
B. 加权平均资本成本最低的目标资本结构
C. 加权平均资本成本最低、企业价值最大的资本结构
D. 企业目标资本结构

3. 某公司经营杠杆系数为2，财务杠杆系数为1.5，则该公司销售额每增加1倍，就会引起每股收益增长（　　）倍。
A. 0.8　　　　　　　　　　　　B. 1.2
C. 2　　　　　　　　　　　　　D. 3

三、多项选择题

1. 企业在进行资本结构决策时，一般应以（　　）为依据进行决策。
A. 沉没成本　　　　　　　　　B. 个别资金成本
C. 综合资金成本　　　　　　　D. 边际资金成本

2. 下列表达式中正确的有（　　）。
A. 变动成本＝单位变动成本×销量
B. 变动成本率＝单位变动成本/单价
C. 单位变动成本＝单价－单位边际贡献
D. 变动成本＝单价－边际贡献总额

3. 筹资决策中的总杠杆具有（　　）特性。
A. 总杠杆系数越大，企业财务风险越大
B. 总杠杆能够起到财务杠杆和经营杠杆的综合作用
C. 总杠杆能够估计出销售变动对每股收益变动的影响
D. 总杠杆系数越大，企业经营风险越大

4. 运用比较资本成本法进行资本结构决策时，决策原理有（　　）。
A. 综合资本成本越低，方案越优　　B. 每股收益越大，方案越优
C. 筹资成本越低，方案越优　　　　D. 息税前利润越大，方案越优

5. 下列属于变动成本的有（　　）。
A. 保险费　　　　　　　　　　B. 直接人工费用
C. 管理人员工资　　　　　　　D. 直接材料费用

6. 某企业经营杠杆系数等于3，预计息税前利润增长6%，每股收益增长12%。下列说法中正确的有（　　）。
A. 总杠杆系数等于6　　　　　B. 产销量增长2%
C. 财务杠杆系数等于2　　　　D. 资产负债率等于50%

7. 比较资本成本法的主要优点有（　　）。
A. 通俗易懂　　　　　　　　　B. 计算过程简便
C. 决策结果科学客观　　　　　D. 能涵盖众多筹资方案

四、业务题

1. 某公司 2019 年销售产品 500 万件,单价为 50 元,单位变动成本为 30 元,固定成本总额为 6 000 万元。公司负债 600 万元,年利率为 12%,每年需支付优先股股利 10 万元,所得税税率为 25%。要求:①计算 2019 年边际贡献。②计算 2019 年息税前利润总额。③计算该公司经营杠杆系数、财务杠杆系数、总杠杆系数。

2. B 企业拟筹资 2 000 万元,现有甲、乙两个方案备选。有关资料如表 3-12 所示。

表 3-12　　　　　　　　　甲乙两方案备选资料表　　　　　　　　　单位:万元

筹资方式	甲方案		乙方案	
	筹资额	资本成本	筹资额	资本成本
长期借款	400	6%	200	6%
债　券	600	8%	800	8%
普通股	1 000	12%	1 000	12%
合　计	2 000		2 000	

要求:通过比较加权平均资本成本来确定最佳资本结构方案。

3. 某公司现有普通股 100 万股,股本总额 1 000 万元,公司债券 600 万元,年利率为 10%。公司拟扩大筹资规模再追加筹资 750 万元,现有两个备选方案:一是增发普通股 50 万股,每股价格为 15 元;一是平价发行公司债券 750 万元,债券年利率为 12%,企业所得税税率 25%。要求:①计算两种筹资方式的每股收益无差别点。②如果该公司预期息税前利润为 350 万元,对两个筹资方案作出择优决策。

五、思考题

1. 简述资本结构的概念以及影响资本结构决策的因素。
2. 简述杠杆效应和风险分析的基本原理。
3. 简述最优资本结构的定义以及进行最优资本结构决策的方法。
4. 什么是经营杠杆和经营杠杆系数?
5. 什么是财务杠杆和财务杠杆系数?

项目实训一　资金筹集方案设计

一、实训要求

京沪公司董事会根据市场信息和公司能力,研究决定 2019 年销售收入实现 70 000 万元,销售净利润率和股利支付率与上年相同,要求公司财务部保证资金供应,作出筹资方案,报公司董事会批准后实施。

1. 运用销售百分比法预测资金需要量。
2. 运用线性回归分析法预测资金需要量。
3. 确定权益资金与债务资金筹资额度。

4. 提出权益资金筹集的建议方案。

5. 提出债务资金筹集的建议方案。

操作准备：学生以 6～8 人为一组，选定正副组长负责组内工作；各组学生对任务目标、任务描述、任务工单已经熟悉；每个小组制订了一份工作计划书，工作计划书根据工作内容，由小组学生讨论制订，并经指导老师审阅批准后实施。

二、实训条件

多媒体演示设备、笔记本电脑、任务工单、实训考核表、小组工作计划书。

三、实训材料

（一）任务工单

1. 京沪公司 2019 年的基本情况

2019 年，京沪公司实现销售收入 60 000 万元，销售净利润率为 8%，股利支付率为净利润的 40%，留存收益抵充筹资额，权益资金与债务资金的比率为 7∶3。

2. 京沪公司 2019 年的资产负债表（表 3-13）

表 3-13　　　　　　　　京沪公司资产负债表（简）

2019 年 12 月 31 日　　　　　　　　　　　　　　　单位：万元

资　产	金　额	负债及股东权益	金　额
货币资金	1 200	应付票据	3 000
应收账款（净额）	9 000	应付账款	6 000
存　货	10 200	长期负债	5 000
固定资产（净额）	13 800	股　本	30 000
长期投资	6 000	留存收益	1 200
无形资产	5 000		
资产合计	45 200	负债及股东权益合计	45 200

3. 京沪公司历年销售收入与资金需要量数据（表 3-14）

表 3-14　　　　2016—2019 年京沪公司销售收入与资金需要量表　　　　单位：万元

年　度	销售收入	资金需要量
2016	48 000	17 000
2017	50 000	18 000
2018	55 000	19 000
2019	60 000	20 400

4. 京沪公司筹集权益资金的主要渠道为留存收益和增发股票，筹集债务资金的主要渠道为商业信用和短期借款。

(二)完成任务

1. 编制资金筹集方案设计工作计划书(表 3-15)

表 3-15　　　　京沪公司 2020 年资金筹集方案设计工作计划书

主要工作内容	实施时间	实施形式	主要负责人
了解资金需要量预测和筹集情况			
运用销售百分比法预测资金需要量			
运用线性回归分析法预测资金需要量			
综合分析确定需要筹集的资金需要量			
确定权益资金与债务资金筹资额度			
提出权益资金筹集和债务资金筹集的建议方案			
制作 PPT 汇报交流材料			

其他:

学习小组组长:　　　　　　学习小组成员:

　　　　　　　　　　　　　　　　　　　　　　　　　年　月　日

指导老师审阅意见:

　　　　　　　　　　　　　　　　　　　　　　签名:

　　　　　　　　　　　　　　　　　　　　　　　　　年　月　日

2. 编制销售百分比法资金需要量报告(表 3-16)

表 3-16　　　　京沪公司 2020 年销售百分比法资金需要量报告

(计算过程与结果)

　　　　　　　　　　　　　　　　　　　　　学习小组成员签字:

3. 编制线性回归分析法资金需要量报告(表 3-17)

表 3-17　　　　京沪公司 2020 年线性回归分析法资金需要量报告

(计算过程与结果)

　　　　　　　　　　　　　　　　　　　　　学习小组成员签字:

4. 编制综合分析资金需要量报告（表 3-18）

表 3-18　　　　京沪公司 2020 年综合分析资金需要量报告

| 一、销售百分比法资金需要量 |
| 二、线性回归分析法资金需要量 |
| 三、综合分析资金需要量意见 |
| 学习小组成员签字： |

5. 编制资金筹集报告（表 3-19）

表 3-19　　　　京沪公司 2020 年资金筹集报告

| 一、2020 年销售目标 |
| 二、2020 年需要筹集的资金量 |
| 三、2020 年需要筹集的权益资金和债务资金量 |
| 四、权益资金筹集的建议方案 |
| 五、债务资金筹集的建议方案 |
| 学习小组成员签字： |

四、操作流程

1. 各小组通过书本和网络对资金需要量预测和筹集进行全面了解。
2. 各小组讨论制订京沪公司资金筹集方案设计工作计划书。
3. 指导老师审阅各小组的资金筹集方案设计工作计划书，并签批。
4. 运用销售百分比法预测资金需要量。
5. 运用线性回归分析法预测资金需要量。
6. 综合分析确定需要筹集的资金需要量。
7. 确定权益资金与债务资金筹资额度。
8. 提出权益资金筹集和债务资金筹集的建议方案。
9. 各小组制作 PPT 汇报交流材料。

项目实训二　综合资本成本分析

一、实训要求

东方百货股份有限公司 2019 年为拓展法国化妆品销售业务，销售部门已制订了销售可行性分析报告给公司董事会，并提出需要增加 1 000 万元投资，公司董事会要求财务部门制订 1 000 万元资金筹集计划，计算综合资本成本率，撰写资本成本效益分析报告，提交公司董事会决策。

1. 能计算个别资本成本率和综合资本成本率。
2. 能分析比较投资收益率与资本成本率。
3. 会撰写综合资本成本效益分析报告。

操作准备:学生以6~8人为一组,选定正副组长负责组内工作。每个小组制订一份工作计划书,工作计划书根据工作内容,由小组学生讨论制订,并经指导老师审阅批准后实施。

二、实训条件

　　多媒体演示设备、笔记本电脑、任务工单、实训考核表、小组工作计划书。

三、实训材料

(一)任务工单

1. 东方百货股份有限公司销售部门制订的《法国化妆品销售可行性分析报告》摘要表(表3-20)

表3-20　　　　　　　　　《法国化妆品销售可行性分析报告》摘要表

市场分析	本市为中等城市,没有法国化妆品的专卖商店,本市白领女性有150万人,其中:人均年收入50万元以上约占10%,法国化妆品的喜爱度达100%;人均年收入40万~50万元(不含50万元)约占10%,法国化妆品的喜爱度达90%;人均年收入30万~40万元(不含40万元)约占20%,法国化妆品的喜爱度达80%;人均年收入20万~30万元(不含30万元)约占30%,法国化妆品的喜爱度达70%;人均年收入10万~20万元(不含20万元)约占30%,法国化妆品的喜爱度达60%。年增长率均为10%
销售预测	白领女性高档化妆品支出占收入的比例: 人均年收入50万元以上的占30%; 人均年收入40万~50万元(不含50万元)的占25%; 人均年收入30万~40万元(不含40万元)的占20%; 人均年收入20万~30万元(不含30万元)的占15%; 人均年收入10万~20万元(不含20万元)的占10%。 预计当年的销售收入为700万元,以后每年增长10%
投资收益	总投资需要资金1 000万元,经营期为5年。其中:500万元属于可收回的流动资金投资,500万元为不可收回的固定资产与无形资产投资。 占用场地100平方米,每年交纳场地费20万元 不包括场地占用费和财务费用外的经营管理费用率为20%。 销售毛利率为40%

2. 东方百货股份有限公司财务部门制订的资金筹集计划表(表3-21)

表3-21　　　　　　　　　　资金筹集计划表

银行借款200万元	可通过银行取得一年期借款200万元,年利率为6%,所得税税率为25%,筹资费用率为1%,每年还本付息一次,可续借5年
发行债券300万元	可发行5年期债券,面值为300万元,票面年利率为8%,每年付息一次,发行价为300万元,发行费用率为5%,所得税税率为25%
发行普通股400万元	可发行普通股40万股,每股10万元,筹资费用率为5%,第一年末每股发放股利2元,预计未来股利每年增长5%
留存收益100万元	可动用留存收益100万元用于投资经营化妆品
合　　计	1 000万元

(二) 完成任务

1. 编制综合资本成本分析工作计划书（表 3-22）

表 3-22　　　　　　　　　综合资本成本分析工作计划书

主要内容	实施时间	实施形式	主要负责人
综合资本成本分析工作分工			
复习个别资金成本和综合资本成本的计算方法			
学习讨论综合资本成本分析工单			
计算个别资金成本率和综合资本成本率			
撰写综合资本成本效益分析报告			

其他：

学习小组组长：　　　　　　学习小组成员：

　　　　　　　　　　　　　　　　　　　年　月　日

指导老师审阅意见：

　　　　　　　　　　　　　　　签名：

　　　　　　　　　　　　　　　　　　　年　月　日

2. 编制东方百货股份有限公司筹集资本成本报告（表 3-23）

表 3-23　　　　　　东方百货股份有限公司筹集资本成本报告

银行借款资本成本	
发行债券资本成本	
发行股票资本成本	
留存收益资本成本	
综合资本成本率	学习小组成员签字：

3. 编制法国化妆品销售筹集资本成本收益分析报告(表 3-24)

表 3-24　　　　　　法国化妆品销售筹集资本成本收益分析报告

一、筹集 1 000 万元资本

二、经营五年资本成本支出

三、法国化妆品经营五年的净收益

四、对投资经营法国化妆品的建议

学习小组成员签字：

四、操作流程

1. 各小组熟知个别资本成本的计算方法和综合资本成本的计算方法。
2. 各小组学习任务工单内容和应完成的任务。
3. 各小组讨论制订东方百货股份有限公司综合资本成本分析工作计划书。
4. 指导老师审阅各小组制订的综合资本成本分析工作计划书，并签批。
5. 各小组计算东方百货股份有限公司筹集的个别资本成本和综合资本成本。
6. 各小组撰写东方百货股份有限公司综合资本成本分析报告。

项目四　项目投资管理

学习指导

一、投资的概念和分类

1. 投资的概念

投资一般是指经济主体为了获取经济收益而投入资金或资源用以转化为实物资产或金融资产的行为和过程。从特定企业角度看，投资就是企业为获取收益而向一定对象投放资金的经济行为。

2. 投资的分类

按照投资行为的介入程度，分为直接投资和间接投资；按照投资的方向不同，分为对内投资和对外投资；项目投资以特定项目为对象，可分为新建项目和更新改造项目。

二、项目投资程序

企业项目投资的程序主要包括：提出项目投资的领域和对象；评价投资方案的可行性；投资方案的比较与选择；投资方案的执行；投资方案再评价。

三、项目计算期的构成与资本投入方式

1. 项目计算期

项目计算期是指投资项目从投资建设开始到最终清理结束整个过程的全部时间，即该项目的有效持续期间。

完整的项目计算期包括建设期和生产经营期。其中，建设期（记作 s, $s \geqslant 0$）的第一年年初（记作 0 年）称为建设起点，建设期的最后一年年末（记作 n 年）称为投产日，从投产日到终结点之间的时间间隔称为生产经营期（记作 p），生产经营期包括试产期

和达产期(完全达到设计生产能力)。

项目计算期、建设期和生产经营期三者之间的关系可用下式和图 4-1 表示。

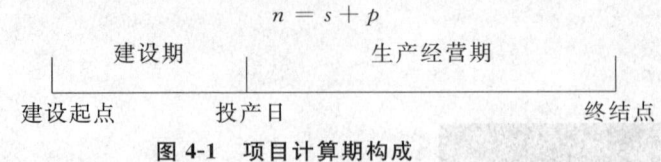

图 4-1 项目计算期构成

2. 资本投入方式

(1) 原始投资与项目总投资的关系：

原始投资＝建设投资＋流动资金投资

项目总投资＝原始投资＋建设期资本化利息

固定资产原值＝固定资产投资＋建设期资本化利息

(2) 具体投资项目的资金投入方式：

一次投入方式：是指投资行为集中一次发生在项目计算期的第一个年度的某一时间点。

分次投入方式：如果投资行为涉及两个或两个以上年度，或者虽只涉及一个年度，但同时在该年度的不同时点发生，则属于分次投入方式。

四、现金流量的概念与分类

1. 现金流量的概念

现金流量是指一个项目投资引起的企业现金支出和现金收入增加的数量，实际上是在项目寿命期内投资该项目与不投资该项目时企业现金流量的差额。

新建项目的现金流量包括现金流出量、现金流入量和现金净流量三个具体概念。

2. 现金流量的分类

(1) 现金流出量。现金流出量(CO)是指与投资方案相关的企业现金支出的增加额。其分类如图 4-2 所示。

$$现金流出量\begin{cases}固定资产投资\\无形资产投资\\长期待摊费用支出\\流动资产投资\end{cases}$$

图 4-2 现金流出量的分类

(2) 现金流入量。现金流入量(CI)是指与投资方案相关的现金流入的增加额。其分类如图 4-3 所示。

$$现金流入量\begin{cases}营业现金流入\\回收固定资产残值\\回收流动资金\end{cases}$$

图 4-3 现金流入量的分类

(3) 现金净流量。现金净流量是指一定期间现金流入量与现金流出量的差额。

$$某年现金净流量＝该年现金流入量－该年现金流出量\\=CI_t-CO_t(t=0,1,2,\cdots,n)$$

现金净流量具有以下两个特征：第一，无论是在生产经营期内还是在建设期内，都存在现金净流量的范畴；第二，项目计算期不同阶段上的现金流入量和现金流出量发生的可能性不同，使得各个阶段上的现金净流量在数值上表现出不同的特点，如建设期内的现金净流量一般小于或等于零；在生产经营期内的现金净流量则多为正值。

五、现金流量假设

（1）财务可行性假设。
（2）全投资假设。
（3）建设期投入全部资金假设。
（4）经营期与折旧年限一致假设。
（5）时点指标假设。
（6）确定性因素假设。

六、现金流量预测

1. 初始现金流量

初始现金流量是指开始投资时发生的现金流量，主要包括：
（1）固定资产投资。
（2）无形资产投资。
（3）其他投资费用。
（4）流动资产投资。
（5）原有固定资产的变价收入。

初始现金流量除原有固定资产的变价收入为现金流入量外，其他均为现金流出量。

2. 营业现金流量

营业现金流量是指投资项目投入使用后，在其寿命期内由生产经营活动所带来的现金流入和现金流出的数量。

$$营业现金净流量 = 营业收入 - 付现成本 - 所得税$$
$$付现成本 = 营业成本 - 非付现成本$$
$$= 营业成本 - 折旧$$
$$营业现金净流量 = 营业收入 - (营业成本 - 折旧) - 所得税$$
$$= 净利润 + 折旧$$
$$= (营业收入 - 营业成本) \times (1 - 所得税税率) + 折旧$$

3. 终结现金流量

终结现金流量是指项目经济寿命完结时发生的现金流量。它主要包括：
（1）回收固定资产的残值收入。
（2）回收垫支的流动资金。
（3）停止使用土地的变价收入。

七、项目投资决策评价指标及其类型

项目投资决策评价指标分类如图 4-4 所示。

评价指标分类
- 按是否考虑资金时间价值
  - 静态评价指标(静态投资回收期、会计收益率)
  - 动态评价指标(净现值、净现值率、现值指数、内部报酬率)
- 按指标性质不同
  - 正指标(越大越好:除静态投资回收期以外的其他指标)
  - 反指标(越小越好:静态投资回收期)
- 按指标在决策中的重要性
  - 主要指标(净现值、净现值率、现值指数、内部报酬率)
  - 次要指标(静态投资回收期)
  - 辅助指标(会计收益率)

图 4-4 项目投资决策评价指标分类

1. 静态评价指标(非折现指标)的运用

(1) 静态投资回收期(表 4-1)

表 4-1　　　　　　　　　　　静态投资回收期

项目	要 点 阐 释
计算方法	① 如果某一项目运营期内前若干年每年的营业净现金流量(NCF)相等,且其合计大于或等于建设期发生的原始投资合计,则投资回收期可按下列公式计算: $$不包括建设期的投资回收期(PP') = \frac{建设期发生的原始投资合计}{运营期内前若干年每年相等的净现金流量}$$ 包括建设期的投资回收期(PP)=不包括建设期的投资回收期+建设期 ② 如果每年的营业净现金流量(NCF)不相等,计算投资回收期要逐年计算累计现金净流量和各年尚未回收的投资额,来确定包括建设期的投资回收期,再推算出不包括建设期的投资回收期 $$包括建设期的投资回收期(PP) = 累计现金净流量最后一次出现负值的年数 + \frac{当年累计现金净流量绝对值}{下年现金净流量}$$ 不包括建设期的投资回收期(PP')=包括建设期的投资回收期-建设期
指标评价	优点:能够直观地反映原始投资的返本期限;便于理解,计算简单;可以直接利用回收期之前的净现金流量信息 缺点:没有考虑资金时间价值;没有考虑回收期满后发生的净现金流量的变化情况;不能正确反映投资方式的不同对项目的影响
决策原则	在按投资回收期进行投资决策时,决策者通常会设定一个标准投资回收期。单项方案决策,如果该项目的投资回收期短于标准回收期,此方案可行;否则,方案不可行。多个备选方案的互斥决策中,以投资回收期短于标准回收期且最短的方案为优

(2) 会计收益率(表 4-2)

表 4-2　　　　　　　　　　　会计收益率

项目	要 点 阐 释
计算方法	$$会计收益率 = \frac{年平均净利润}{原始投资额} \times 100\%$$
指标评价	优点:计算简便,易于理解;使用财务报告的数据,容易取得;考虑了整个项目寿命期的全部利润 缺点:没有考虑资金的时间价值;没有利用现金流量信息。只能作为投资项目财务可行性分析的辅助指标
决策原则	在以会计收益率进行投资决策时,决策者通常会设定一个必要投资收益率。单项方案决策,如果该项目的会计收益率高于必要投资收益率,此方案可行,否则方案不可行。多个备选方案的互斥决策中,选用会计收益率高于必要投资收益率且最高的方案

2. 动态评价指标(折现指标)的运用

(1) 净现值(表 4-3)

表 4-3　　　　　　　　　　　　　　　净现值

项　目	要　点　阐　释
计算方法	净现值$(NPV) = \sum_{t=0}^{n}$(第 t 年的现金净流量 × 第 t 年的复利现值系数) 或:净现值(NPV) = 现金流入量现值 − 现金流出量现值 计算步骤: ① 计算各期的现金净流量; ② 按行业基准收益率或企业设定的折现率,将投资项目各期所对应的复利现值系数通过查表确定下来; ③ 将各期现金净流量与其对应的复利现值系数相乘计算出现值; ④ 最后加总各期现金净流量的现值,即得到该投资项目的净现值
指标评价	优点:考虑了资金时间价值;利用了项目计算期内的全部现金流量信息,是投资项目财务可行性分析的主要指标 缺点:净现值是一个绝对数指标,不能反映投资项目本身所能达到的收益率;当项目投资额不等时,仅用净现值无法确定投资项目的优劣;净现值的计算比较复杂;现金流量的预测和贴现率的选择比较困难
决策原则	净现值是一个金额的绝对值。在单项方案决策中,如果该方案的净现值大于或等于零,此方案可行;否则方案不可行;在多个备选方案的互斥决策中(假设备选方案原始投资相同且项目计算期相等),在净现值大于零的投资项目中,选择净现值较大的投资项目

(2) 净现值率(表 4-4)

表 4-4　　　　　　　　　　　　　　　净现值率

项　目	要　点　阐　释
计算方法	净现值率$(NPVR) = \dfrac{项目的净现值}{原始投资的现值合计}$
指标评价	优点:可以从动态的角度反映投资项目的资金投入与净产出之间的关系;计算过程比较简单 缺点:无法直接反映投资项目的实际收益率
决策原则	净现值率是一个相对数指标,只有该指标大于或等于零的投资项目才具有财务可行性

(3) 现值指数(获利指数)(表 4-5)

表 4-5　　　　　　　　　　　　　　　现金指数

项　目	要　点　阐　释
计算方法	现值指数$(PI) = \dfrac{现金流入量现值}{现金流出量现值}$ 现值指数$(PI) = \dfrac{投产后各年 NCF 的现值合计}{原始投资的现值合计}$ $= 1 +$ 净现值率

续 表

项 目	要 点 阐 释
指标评价	优点:考虑了资金的时间价值;由于现值指数是相对数指标,能够反映项目的投资效率,有利于在初始投资额不同的投资方案之间进行对比 缺点:无法直接反映投资项目的实际收益率
决策原则	现值指数是一个相对数指标。在单项方案决策中,如果该方案的现值指数大于或等于1,此方案可行,否则方案不可行。多个备选方案的互斥决策中,采用现值指数超过1最多的投资项目

(4)内含报酬率(内部收益率)(表4-6)

表 4-6　　　　　　　　　　　内部收益率

项 目	要 点 阐 释
计算方法	找到能够使未来现金流入现值等于未来现金流出现值的贴现率,或者说是使投资方案净现值为零的贴现率 1.逐步测试法。适合于各期现金流入量不相等的非现金形式 2.年金法。适合于建设期为0,运营期每年净现金流量相等,即符合普通年金形式,内部收益率可直接利用年金现值系数表结合内插法来确定 提示:计算内部收益率的年金现值系数等于静态投资回收期
指标评价	优点:可以从动态的角度直接反映投资项目的实际收益率水平;不受基准收益率高低的影响,比较客观 缺点:计算过程复杂,尤其当经营期大量追加投资时,有可能导致出现多个内部收益率,或偏高或偏低,缺乏实际意义
决策原则	单项方案决策,如果计算出的内含报酬率大于或等于企业的资金成本或必要报酬率就采纳;反之,则拒绝。多个备选方案的互斥决策中,应选用内含报酬率超过资金成本或必要报酬率最多的投资项目

3.动态评价指标之间的关系

NPV、NPVR、PI、IRR指标之间存在以下数量关系:

当 $NPV>0$ 时,$NPVR>0$,$PI>1$,$IRR>i$(i 为投资项目的行业基准收益率,下同)。

当 $NPV=0$ 时,$NPVR=0$,$PI=1$,$IRR=i$。

当 $NPV<0$ 时,$NPVR<0$,$PI<1$,$IRR<i$。

进行项目投资决策时,净现值、净现值率、现值指数、内含报酬率是主要评价指标,静态投资回收期是次要评价指标,会计收益率是辅助评价指标。

八、项目投资决策方法

投资决策方法就是对多个可行的投资方案进行分析和评价,从中选出最优方案的方法(表4-7)。

表 4-7　　　　　　　　　　　　投资方案分析

项目投资决策方法	原　　　　理
净现值法	通过比较所有已具备财务可行性投资方案的净现值指标的大小来选择最优方案的方法。该法适用于原始投资相同且项目计算期相等的多方案比较决策
共同年限法	假设投资项目可以在终止时进行重置,通过重置使两个项目达到相同的年限,然后比较其净现值,选择调整后净现值最大的方案
年等额净回收额法	通过比较所有投资方案的年等额净回收额(又称为年均净现值)指标的大小来选择最优方案。在此法下,年等额净回收额最大的方案为优

九、固定资产更新改造决策

1. 独立方案决策

决策程序:①计算项目投资的现金流量。②计算净现值。③计算内部收益率。④进行决策:净现值大于零,内部收益率大于基准收益率,项目可行。

2. 互斥方案决策

一个方案是使用旧设备,另一个方案是购置新设备。若项目计算期相同,可以采用差量分析法来计算一个方案比另一个方案增减的现金流量、净现值。

决策程序:①分别计算两个方案的折旧。②计算各年营业现金净流量的差量。③计算两个方案现金流量的差量。④计算差量净现值。

3. 原始投资不同、项目计算期相同的互斥方案决策

如果两个方案原始投资不同,但项目计算期相同,可采用"差额投资内含报酬率法"进行决策。即在计算两个原始投资额不同的差量净现金流量(记作 ΔNCF)的基础上,计算出差额内含报酬率(记作 ΔIRR),并与基准折现率进行比较,进而判断方案孰优孰劣的方法。

当差额内含报酬率指标大于或等于基准收益率或设定折现率时,以原始投资额大的方案为优;反之,则以投资少的方案为优。

差额内含报酬率的计算过程和技巧与内含报酬率完全一样,只是所依据的是差量现金净流量。

4. 原始投资不同、特别是项目计算期也不同的互斥方案决策

若备选方案的原始投资额不同,特别是项目计算期不同,要采用年等额净回收额法进行决策。即通过比较所有投资方案的年等额净回收额(又称为年均净现值)指标的大小来选择最优方案。按照此法,年等额净回收额最大的方案为优。

习　题

任务一　项目投资评价指标

一、判断题

1. 现金净流量是指一定期间现金流入量和现金流出量的差额。　　　　　(　　)

2. 会计收益率和投资回收期这两个静态指标的优点是计算简单、容易掌握,且均考虑了现金流量。 （ ）

3. 在整个项目计算期内,任何一年的现金净流量,都可以通过"净利润＋折旧"的简化公式来确定。 （ ）

4. 投资项目评价所运用的内含报酬率指标的计算结果与项目预定的折现率高低有直接关系。 （ ）

5. 某一投资方案按10%的折现率计算的净现值大于零,那么,该方案的内含报酬率大于10%。 （ ）

6. 多个互斥方案比较,应选择净现值大的方案。 （ ）

7. 不论在什么情况下,都可以通过逐次测试的方法计算内含报酬率。 （ ）

8. 对于独立方案,只有完全具备财务可行性的方案才可以接受。 （ ）

9. 在全部投资均在建设期起点一次投入,建设期为零,投产后每年净现金流量相等的条件下,为计算内部收益率所求得的年金现值系数的数值应等于该项目的静态投资回收期指标的值。 （ ）

10. 某折现率可以使某投资方案的净现值等于零,则该折现率可以成为该方案的内含报酬率。 （ ）

二、单项选择题

1. 项目投资决策中,完整的项目计算期是指( )。
   A. 建设期
   B. 生产经营期
   C. 建设期＋达产期
   D. 建设期＋生产经营期

2. 某投资项目原始投资额为100万元,使用寿命为10年,已知该项目第10年的经营净现金流量为25万元,期满处置固定资产残值收入及回收流动资金共8万元,则该投资项目第10年的净现金流量为( )万元。
   A. 8
   B. 25
   C. 33
   D. 43

3. 某投资方案的年营业收入为100 000元,年营业成本为60 000元,年折旧额为10 000元,所得税税率为25%。该方案的每年营业现金流量为( )元。
   A. 26 800
   B. 30 000
   C. 50 000
   D. 40 000

4. 计算一个投资项目的回收期,应该考虑下列( )因素。
   A. 折现率
   B. 使用寿命
   C. 年现金净流入量
   D. 资金成本

5. 某企业计划投资10万元建一条生产线,预计投资后每年可获净利1.5万元,年折旧率为10%,则投资回收期为( )年。
   A. 3
   B. 5
   C. 4
   D. 6

6. 项目投资方案可行的必要条件是( )。
   A. 净现值大于或等于零
   B. 净现值大于零
   C. 净现值小于零
   D. 净现值等于零

7. 某投资方案折现率为16%时,净现值为6.12;折现率为18%时,净现值为-3.17。则该方案的内含报酬率为(　　)。
   A. 14.68%　　　　B. 17.32%　　　　C. 18.32%　　　　D. 16.68%

8. 用内含报酬率评价项目可行的必要条件是(　　)。
   A. 内含报酬率大于贴现率　　　　B. 内含报酬率小于贴现率
   C. 内含报酬率大于或等于贴现率　　D. 内含报酬率等于贴现率

9. 在评价单一方案的财务可行性时,如果不同评价指标之间的评价结论发生了矛盾,就应当以主要评价指标的结论为准,如下列项目中的(　　)。
   A. 净现值　　　　　　　　　　　B. 投资回收期
   C. 现金流量　　　　　　　　　　D. 会计收益率

10. 下列表述中不正确的是(　　)。
    A. 净现值大于零时,说明该投资方案可行
    B. 净现值为零时的折现率即为内含报酬率
    C. 净现值是特定方案未来现金流入现值与未来现金流出现值之间的差额
    D. 净现值大于零时,现值指数小于1

11. 如果某一投资方案的净现值为正数,则必然存在的结论是(　　)。
    A. 投资回收期在一年以内　　　　B. 现值指数大于1
    C. 投资报酬率高于100%　　　　D. 年均现金净流量大于原始投资额

三、多项选择题

1. 若建设期不为零,则建设期内各年的净现金流量可能会(　　)。
   A. 等于1　　　B. 大于1　　　C. 小于0　　　D. 等于0

2. 下列指标中,考虑了资金时间价值的有(　　)。
   A. 净现值　　　B. 现值指数　　　C. 内部报酬率　　　D. 投资回收期

3. 若 $NPV<0$,则下列关系式中正确的有(　　)。
   A. $NPVR>0$　　　　　　　B. $NPVR<0$
   C. $PI<1$　　　　　　　　D. $IRR<i$

4. 在一般投资项目中,当一项投资方案的净现值等于零时,即表明(　　)。
   A. 该方案的获利指数等于1
   B. 该方案不具备财务可行性
   C. 该方案的净现值率大于零
   D. 该方案的内部收益率等于设定折现率或行业基准收益率

四、业务题

1. 某企业购买机器设备的价款为40万元,该设备可为企业每年增加净利4万元,该设备可使用5年,无残值,采用直线法计提折旧,该企业的折现率为10%。
   要求:计算该投资方案的会计收益率、投资回收期,并对此投资方案作出评价。

2. 某企业拟建造一项生产设备。预计建设期为 1 年,所需原始投资 200 万元于建设起点一次投入,该设备预计使用寿命为 5 年,使用期满报废清理时无残值,该设备折旧方法采用直线法,该设备投产后每年增加净利润 60 万元。假定适用的行业基准折现率为 10%。

要求:
(1) 计算项目计算期内各年现金净流量。
(2) 计算项目净现值。
(3) 计算该项目的现值指数。
(4) 计算该项目的内含报酬率。
(5) 评价项目的财务可行性。

3. 某企业拟建造一项生产设备,预计建设期为 1 年,所需原始投资 200 万元于建设起点一次投入,该设备预计使用寿命为 5 年,使用期满报废清理时无残值,该设备折旧方法使用直线法,该设备投产后每年增加息税前利润 100 万元,所得税税率为 25%,项目的基准收益率为 20%。

要求:
(1) 计算项目计算期内各年净现金流量。
(2) 计算该设备的静态投资回收期。
(3) 计算该投资项目的会计收益率。
(4) 假定适用的行业基准折现率为 10%,计算项目净现值。
(5) 计算项目净现值率。
(6) 评价其财务可行性。

4. 某公司拟投资建设一条生产线,行业基准折现率为 10%,现有六个方案可供选择,相关的净现金流量数据如表 4-8 所示。

表 4-8　　　　　　　　现金流量数据表　　　　　　　　单位:万元

方案	t	0	1	2	3	4	5	…	9	10	11
A	NCF	−1 050	−50	500	450	450	350	…	150	100	50
B	NCF	−1 100	0	50	100	150	200	…	400	450	500
C	NCF	−1 100	0	275	275	275	275	…	275	275	275
D	NCF	−1 100	275	275	275	275	275	…	275	275	—
E	NCF	−550	−550	275	275	275	275	…	275	275	275
F	NCF	—	−1 100	275	275	275	275	…	275	275	275

相关的时间价值系数如表 4-9 所示。

表 4-9　　　　　　　　时间价值系数表

t	$(P/F, 10\%, t)$	$(P/A, 10\%, t)$	$(P/A, 20\%, t)$	$(P/A, 24\%, t)$
1	0.909 1	0.909 1	0.833 3	0.806 5
10	0.385 5	6.144 6	4.192 5	3.681 9

要求：
(1) 根据表中数据，分别确定下列数据：
① A方案和B方案的建设期。
② C方案和D方案的运营期。
③ E方案和F方案的项目计算期。
(2) 计算A方案包括建设期的静态投资回收期指标。
(3) 利用简化方法计算E方案不包括建设期的静态投资回收期指标。
(4) 利用简化方法计算C方案净现值指标。
(5) 利用简化方法计算D方案的内含报酬率。

五、思考题

1. 简述投资的概念与分类。
2. 企业项目投资的程序主要包括哪几个步骤？
3. 什么是现金流量？
4. 分别简述项目投资决策的静态评价指标和动态评价指标。

任务二 项目投资决策方法

一、判断题

1. 在固定资产更新决策中，确定差量净现金流量时，旧设备的初始投资应按其原始价值确定。（ ）
2. 若备选方案的原始投资额不同，特别是项目计算期不同，要采用年等额净回收额法进行决策。（ ）
3. 在共同年限法中，通常选择两个项目的最小公倍寿命作为共同年限。（ ）
4. 净现值法适用于原始投资相同且项目计算期相等的多方案比较决策。（ ）
5. 评价每个方案的财务可行性是开展互斥方案投资决策的前提，只有完全具备财务可行性的方案，才有资格进入最终决策。（ ）

二、单项选择题

1. 若有两个投资方案，原始投资额不同，彼此互相排斥，各方案项目有效期不同，可以采用（　　）进行选优。
   A. 内含报酬率法　　　　　　　　B. 净现值法
   C. 年均净现值法　　　　　　　　D. 共同年限法
2. 某企业正在讨论更新现有的生产线，有两个备选方案：甲方案的净现值为400万元，内含报酬率为10%；乙方案的净现值为300万元，内含报酬率为15%。若两个方案的有效年限相同，据此可以认定（　　）。
   A. 甲方案较好
   B. 乙方案较好

C. 两方案一样好

D. 需要利用年均净现值法才能做出判断

3. 下列方法中,不能直接用于项目计算期不同的多个互斥方案比较决策的是( )。

A. 净现值法　　　　　　　　B. 共同年限法

C. 年均净现值法　　　　　　D. 重置价值链法

4. 备选方案项目计算期不等时,通过比较所有投资方案的年均净现值指标的大小来选择最优方案,则以年均净现值( )的方案为优。

A. 最小　　　　　　　　　　B. 最大

C. 大于零　　　　　　　　　D. 等于零

三、多项选择题

1. 净现值法的优点有( )。

A. 考虑了资金时间价值

B. 考虑了项目计算期的全部净现金流量

C. 考虑了投资风险

D. 可从动态上反映项目的实际投资收益率

2. 下列说法中正确的有( )。

A. 净现值法能反映各种投资方案的净现值收益

B. 净现值法不能反映投资方案的实际报酬

C. 投资利润率简明,但没有考虑资金的时间价值

D. 获利指数有利于在初始投资额不同的投资方案之间进行对比

3. 净现值率指标的优点有( )。

A. 考虑了资金的时间价值

B. 考虑了项目计算期的全部净现金流量

C. 考虑了投资风险

D. 可动态地反映项目投资的资金投入与净产出之间的关系

四、业务题

假设某公司拟投资兴建一条生产线,有两个方案可供选择:甲方案的原始投资额为200万元,项目计算期为5年,净现值为120万元;乙方案的原始投资额为150万元,项目计算期为6年,净现值为130万元。企业的资本成本为10%。

要求:请作出互斥方案的决策。

五、思考题

1. 简述财务可行性评价与项目投资决策的关系。

2. 什么是净现值法?

3. 什么是共同年限法？

4. 什么是年等额净回收额法？

项目实训　新建项目投资决策分析

一、实训要求

长发公司董事会研究，根据市场对本公司生产的程控电话的需求，准备新建一条生产线以增加生产能力，公司董事会要求财务部收集资料，写出投资项目的财务评价报告，供公司董事会决策参考。

1. 计算编制新建项目投资的营业现金流量表。
2. 计算编制新建项目投资的现金流量。
3. 计算编制新建项目投资的净现值。
4. 撰写新建项目投资财务评价报告。

操作准备：学生以6～8人为一组，选定正副组长为公司财务部正副部长；正副部长将组内学生按项目投资决策分析要求合理分工；每个小组制订一份工作计划书，工作计划书根据工作内容，由小组学生讨论制订，并经指导老师审阅批准后实施。

二、实训条件

多媒体演示设备、笔记本电脑、任务工单、实训考核表、小组工作计划书。

三、实训材料

（一）任务工单

1. 新建程控电话生产线投资生产销售情况

该生产线的初始投资是125万元，分两年投入。第1年初投入100万元，第2年初投入25万元，第2年可完成建设并正式生产。投产后每年可生产程控电话机10 000部，每部销售价格为300元，每年销售收入为300万元，投资项目使用5年，5年后残值为25万元。在投资项目生产经营期期初需垫支流动资金25万元，项目结束时可收回。

2. 程控电话产品年总成本的构成情况

原材料费用	200万元
工资费用	30万元
管理费用(不含折旧)	20万元
折旧费	20万元

3. 资金成本情况

对各种资金来源成本进行综合计算，平均资金成本为10%。

(二)完成任务

1. 编制新建项目投资财务评价报告计划书(表 4-10)

表 4-10 长发公司新建项目投资财务评价报告计划书

主要内容	实施时间	实施形式	主要负责人
研究项目投资分析的任务、要求与分工			
复习现金流量计算和项目投资贴现评价的方法			
收集当前市场 CPI 和 PPI 变动数据			
计算编制新建项目投资的营业现金流量表			
计算编制新建项目投资的现金流量表			
计算编制新建项目投资的净现值表			
撰写新建项目投资可行性分析报告			

其他

学习小组组长: 　　　　学习小组成员:

　　　　　　　　　　　　　　　　　　年　月　日

指导老师审阅意见:

　　　　　　　　　　　　　　　　　签名:
　　　　　　　　　　　　　　　　　年　月　日

2. 计算并编制项目投资的营业现金流量表(表 4-11)

表 4-11　　投资项目的营业现金流量计算表　　单位:万元

项　目	第1年	第2年	第3年	第4年	第5年
销售收入					
付现成本					
其中:原材料					
工资					
管理费					
折旧费					
税前利润					
所得税(税率为25%)					
税后利润					
现金流量					

学习小组成员签字:

3. 计算并编制新建项目投资的现金流量表(表4-12)

表4-12　　　　　　　　　　新建项目投资的现金流量计算表　　　　　　　　单位:万元

项　目	第0年	第1年	第2年	第3年	第4年	第5年	第6年
初始投资							
流动资金垫支							
营业现金流量							
设备残值							
流动资金收回							
现金流量合计							

学习小组成员签字：

4. 计算并编制新建项目投资的净现值表(表4-13)

表4-13　　　　　　　　　　新建项目投资的净现值计算表　　　　　　　　单位:万元

时间	现金流量	10%的贴现系数	现值
0			
1			
2			
3			
4			
5			
6			
净现值			

学习小组成员签字：

5. 编制新建项目投资财务评价报告(表4-14)

表4-14　　　　　　　　　　新建项目投资财务评价报告

一、投资项目概况

二、投资项目的现金流量

三、投资项目的现金净流量与财务评价

四、CPI 和 PPI 未来变动

五、考虑物价变动后对投资项目的财务评价

学习小组成员签字：

四、操作流程

1. 各小组学习任务目标和任务描述，研究任务工单和应完成的任务。

2. 复习现金流量计算和项目投资贴现评价的方法。
3. 收集当前市场 CPI 和 PPI 变动数据。
4. 各小组讨论制订长发公司新建项目投资财务评价工作计划书。
5. 指导老师审阅各小组制订的长发公司新建项目投资财务评价工作计划书,并签批。
6. 各小组计算并编制新建项目投资的营业现金流量表。
7. 各小组计算并编制新建项目投资的现金流量表。
8. 各小组计算并编制新建项目投资的净现值表。
9. 各小组撰写新建项目投资财务评价报告。

项目五　证券投资管理

学习指导

一、证券投资的含义及分类

1. 证券投资的含义

证券投资是指投资者(法人或自然人)购买股票、债券、基金等有价证券以及这些有价证券的衍生品以获取红利、利息及资本利得的投资行为和投资过程,是间接投资的重要形式。

2. 证券投资的分类

(1) 债券投资,是指企业将资金投入各种债券,如国债、公司债和短期融资券等。

(2) 股票投资,是指企业购买其他企业发行的股票作为投资,如普通股、优先股股票。

(3) 基金投资,基金就是许多投资者将资金汇集,然后由基金公司的专家负责管理,用来投资于多家公司的股票或者债券。

(4) 证券组合投资,是指企业将资金同时投放于债券、股票等多种证券,以分散证券投资风险。组合投资是企业证券投资的常用投资方式。

二、证券投资的程序

1. 选择投资对象

证券投资首先要选择合适的投资对象,选择投资的证券品种。合理选择投资对象是证券投资成败的关键。企业应根据一定的投资原则,认真分析投资对象的收益水平和风险程度,合理选择投资对象,从而将风险降低到最低限度,取得较好的投资收益。

2. 开户、委托买卖

证券投资者还要到证券登记公司开立账户,之后选择合适的证券商委托代理买卖证券业务。企业可通过电话委托、计算机终端委托、递单委托等方式委托券商代为买卖有关证券。

3. 清算与交割

企业委托券商买入某种证券成功后,即应解交款项,收取证券。清算即证券买卖双方结清价款的过程。

4. 办理证券过户

投资者从证券市场购买证券后,应到证券发行公司办理证券持有人姓名的变更,证券过户只限于记名证券。

三、股票投资

1. 股票投资目的

企业进行股票投资的目的主要有二:一是获利,二是控股。股票要进行估价,确定股票的内在价值,将股票价值与股票市价进行比较以确定是否投资。一般情况下,只有当股票价值大于股票价格时,进行投资才是有利的选择。股票给投资者带来的现金流入量包括两部分:股利收入和未来出售时的售价。

股票预期报酬率等于预期股利收益率和预期资本利得收益率之和。预期股利收益率是指投资者预期的股票利息和红利收入与股票价格之比。资本利得收益率是指投资者预期获得的股票价差收入与投资者买入股票价格之比。

2. 股票估价(表 5-1)

表 5-1　　　　　　　　　　　　　　股票估价

股票类型	估价模型
股票股价的基本模型	$P_0 = \sum_{t=1}^{\infty} \dfrac{D_t}{(1+R_s)^t}$
长期持有、股利零成长股票的估价模型	$P_0 = \dfrac{D}{R_s}$
长期持有、股利固定成长股票的估价模型	$P_0 = \sum_{t=1}^{\infty} \dfrac{D_0 \times (1+g)^t}{(1+R_s)^t}$
非固定成长股票的估价模型	$P_0 = \dfrac{D_1}{R-g}$

四、债券投资

企业进行债券投资的目的是获得利息收入,或调剂现金余缺。债券的价值是指债券未来现金流入量的现值,债券给投资者带来的现金流入量包括债券的利息收入和到期归还的本金。

债券的收益水平通常用到期收益率来衡量。债券到期收益率是使债券投资未来现金流入的现值等于债券买入价格时的贴现率。

1. 债券的要素

债券的面值:是指设定的票面金额,它代表发行人借入并承诺于未来某一特定日期偿付给债券持有人的金额。债券面值包括两个基本内容,即币种和票面金额。币种可以是本国货币,也可以是外国货币,这取决于债券发行的地区及对象。票面金额是债券到期时偿还本金的金额,票面金额印在债券上,固定不变,到期必须足额偿还。

债券的期限:是指债券从发行之日起至到期之日止之间的时间。

债券的利率:是指债券上一般都注明的年利率,利率有固定的也有浮动的。面值与利率相乘即为年利息。

债券的偿还时间:按其实际偿还日与规定的到期日之间的关系,分为到期偿还、提前偿还和滞后偿还三类。

债券的发行价格:债券的发行价格有三种:一是按债券面值等价发行;二是按低于债券面值折价发行;三是按高于债券面值溢价发行。

2. 债券估价(表 5-2)

表 5-2 债券估价

股价模型	计 算 公 式
债券估价的基本模型	$V = \dfrac{I_1}{(1+R)^1} + \dfrac{I_2}{(1+R)^2} + \cdots + \dfrac{I_n}{(1+R)^n} + \dfrac{M}{(1+R)^n}$ $= \sum_{t=1}^{n} \dfrac{I_t}{(1+R)^t} + \dfrac{M}{(1+R)^n}$
债券估价的扩展模型——典型债券估价模型	$V = I \times (P/A, R, n) + M \times (P/F, R, n)$
债券估价的扩展模型——一次还本付息且不计算复利的债券估价模型	$V = (M + I \times n) \times (P/F, R, n)$
债券估价的扩展模型——零息债券的估价模型	$V = M \times (P/F, R, n)$
债券估价的扩展模型——永久债券的估价模型	$V = \dfrac{I}{R}$

五、基金投资

1. 基金投资的概念及分类

证券投资基金是一种利益共享、风险共担的集合证券投资方式。证券投资基金的特点是规模效益、分散风险和专家管理。投资基金的分类如表5-3所示。

表 5-3　　　　　　　　　　　　投资基金分类

分类依据	分　类
投资目标	成长型基金、收入型基金、平衡型基金
投资标的	国债基金、股票基金、其他投资基金
是否可自由赎回	封闭式基金和开放式基金
组织形式	契约基金和公司型基金

投资者投资于基金的目的是获取比较稳定的收益,基金管理人作为基金的受托人,必须采取一定的方式向投资者表明基金的运作情况,其主要方法是对基金资产进行估值,并定期公布基金的资产净值。基金资产净值,是指某一时点上某一投资基金每份基金单位实际代表的价值,是基金单位价格的内在价值。基金资产净值的计算包括基金资产净值的计算和基金单位资产净值的计算。基金资产净值＝基金资产总值－基金负债总额。基金单位资产净值的计算主要有两种方法:已知价计算法、未知价计算法。

证券投资基金与股票、债券的区别如表5-4所示。

表 5-4　　　　　　　　　证券投资基金与股票、债券的区别

投资方式	反映的关系	筹集资金的投向	风险水平
股票投资	所有权关系	投向实业	有较大的风险
债券投资	债权债务关系	投向实业	投资风险较小
基金投资	委托代理关系	投向其他有价证券	投资风险有可能小于股票

2. 基金资产的估值

(1) 估值的目的。使基金价格能较准确地反映基金的真实价值。

(2) 估值日的确定。通常规定,基金管理人必须在每一个营业日或每周一次或至少每月一次计算并公布基金的资产净值。

(3) 估值暂停。基金管理人虽然必须按规定对基金净资产进行估值,但遇到下列特殊情况时,有权暂停估值:基金投资所涉及的证券交易场所遇法定节假日或因故暂停营业;出现巨额赎回的情形;出现其他无法抗拒的原因,致使管理人无法准确评估基金的资产净值。

3. 基金资产净值的计算

基金资产净值,是指某一时点上某一投资基金每份基金单位实际代表的价值,是基金单位价格的内在价值(表5-5)。

$$基金资产净值 = 基金资产总值 - 基金负债总额$$

表 5-5　　　　　　　　　　　基金单位资产净值

基金单位资产净值计算方法	计　算　过　程
已知价计算法	基金管理人根据上一个交易日的收盘价来计算基金所拥有的金融资产,包括股票、债券、期货合约和认股权证等的总值,加上现金资产,然后除以已售出的基金单位总额,得出每个基金单位的资产净值
未知价计算法	指当日证券市场上各种金融资产的收盘价,即基金管理人根据当日收盘价来计算基金单位资产净值

$$基金单位净值 = (基金资产总值 - 基金负债总额) / 基金单位总份额$$

$$基金收益率 = \frac{年末基金净资产价值 - 年初基金净资产价值}{年初基金净资产价值}$$

$$= \frac{年末持有份数 \times 基金单位净值年末数 - 年初持有份数 \times 基金单位净值年初数}{年初持有份数 \times 基金单位净值年初数}$$

六、证券投资组合

1. 证券投资组合概念

证券投资组合:投资者依据证券的风险程度和年获利能力,按照一定的原则进行恰当的选择,搭配以实现在保证预定收益的前提下使投资风险最小,或在控制风险的前提下使投资收益最大化的目标的投资策略。

2. 证券投资组合的基本原则

在同样风险水准之下,投资者应选择收益较高的投资组合;在相同收益水准的时候,投资者应选择风险最小的组合。证券投资组合的核心和关键是有效地分散投资(图 5-1),因为通过分散投资,将投资广泛地分布在不同的投资对象上,可以减低个别证券的风险从而减少总风险。证券投资策略的内容如图 5-2 所示。

分散投资 { 投资行业的分散 / 投资企业的分散 / 投资时间的分散 / 投资地区的分散

图 5-1　分散投资

证券投资策略 { 保守型投资组合:投资者以选择较高股息的股票作为主要投资对象的投资组合的技巧 / 投机型投资组合:投资者以选择价格起落较大的股票作为主要投资对象的股票组合的技巧 / 随机应变型投资组合:投资者根据股市走向变化而灵活调整证券组合的投资技巧

图 5-2　证券投资策略的分类

3. 证券组合的风险收益率

首先,确定证券组合的 β 系数。

$$\beta_p = \sum X_i \cdot \beta_i$$

其次,计算该证券组合的风险收益率。

$$R_p = \beta_p \cdot (K_m - R_f)$$

习 题

任务一 股票投资

一、判断题

1. 证券投资的流动性与风险性成反比关系。（　）
2. 任何证券都可能存在违约风险。（　）
3. 假设某种股票的 β 系数是 0.5，则它的风险程度是市场平均风险的一半。（　）
4. 企业进行股票投资的目的是通过投资获取股利收入及股票买卖价差收益。（　）
5. 股票投资的预期报酬率是指预期股利收益率和预期资本利得收益率之和。（　）
6. 股票的内在价值由一系列的股利和将来出售股票时售价的现值构成。（　）
7. 一般情况下，只有当股票价值大于股票价格时，进行投资才是有利的选择。（　）

二、单项选择题

1. 企业进行股票投资的主要目的是（　　）。
   A. 获取稳定收益
   B. 获取股利收入及股票买卖价差
   C. 取得对被投资企业的控制权
   D. 为配合长期资金的使用，调节现金余额
2. 一张面值为 100 元的普通股股票，今年分得股利 5 元，已知该股票的投资报酬率为 12%，股利的年增长率为 8%。则该股票的市价为（　　）元。
   A. 135　　　　B. 125　　　　C. 100　　　　D. 115

三、多项选择题

1. 面值为 60 元的普通股票，预计年固定股利收入为 6 元，如果折现率为 8%，那么，准备长期持有该股票的投资者能接受的购买价格为（　　）元。
   A. 60　　　　B. 80　　　　C. 75　　　　D. 65
2. 证券投资相对于实物投资的区别主要有（　　）。
   A. 投资风险较大　　　　　　　　B. 流动性较差
   C. 交易成本较高　　　　　　　　D. 价值不稳定

3. 与债券投资相比,股票投资的主要缺点有(　　)。
A. 投资风险大　　　　　　　　B. 求偿权居后
C. 价格不稳定　　　　　　　　D. 收入稳定性强

四、业务题

1. 某股份有限公司打算投资 N 公司的普通股,预计第 1 年股利为 4 元,以后每年以 4% 的增长率增长。该公司的必要报酬率为 6%。问:只有该股票价格不高于多少时,投资才比较合算?

2. A、B、C 公司去年支付的股利为每股 2 元,投资者预计公司股利将按 5% 的固定比率成长。该股票的风险系数为 1.5,市场无风险利率为 8%,平均报酬率为 14%。

要求:
(1) 计算投资者投资于该股票的必要报酬率。
(2) 股票的市场价格为多少时,该投资者才会购买?

五、思考题

1. 简述证券投资的概念及分类。
2. 简述证券投资的程序。
3. 什么是股票投资?

任务二　债券投资

一、判断题

1. 通货膨胀情况下,股票比债券能更好地避免购买力风险。　　　　　　　(　　)
2. 当票面利率大于市场利率时,债券发行时的价格大于债券的面值。　　　(　　)
3. 债券之所以会偏离面值发行,是因为债券票面利率与金融市场平均利率不一致。(　　)
4. 如果债券利率大于市场利率,则未来多计利息导致债券内在价值大,应采用折价发行。(　　)
5. 企业进行债券投资的目的只是获得利息收入。　　　　　　　　　　　　(　　)
6. 一般情况下,只有当债券价值大于债券价格时,进行投资才是有利的选择。(　　)
7. 债券价值是未来各期利息收入的现值合计与未来到期本金或售价的现值之和。
(　　)

二、单项选择题

1. 与股票投资相比,债券投资的优点是(　　)。
A. 本金安全性好　　　　　　　B. 投资收益率高
C. 购买力风险低　　　　　　　D. 收入稳定性强

2. 某公司拟发行一种面值为1 000元、票面利率为12%、期限为3年、每年付息一次的公司债券。假定发行时的市场利率为10%,则其发行价格为( )元。
A. 1 000　　　　B. 1 050　　　　C. 950　　　　D. 980

三、多项选择题

1. 证券投资的收益包括( )。
A. 资本利得　　B. 股利　　C. 出售售价　　D. 债券利息
2. 会影响债券的投资收益率的因素有( )。
A. 票面价值与票面利率　　　　B. 市场利率
C. 持有期限　　　　　　　　　D. 购买价格
3. 在复利计息、到期一次还本的条件下,债券票面利率与到期收益率不一致的情况有( )。
A. 债券平价发行,每年计息一次　　B. 债券平价发行,每半年计息一次
C. 债券溢价发行,每年计息一次　　D. 债券折价发行,每年计息一次

四、业务题

甲公司欲在市场上购买乙公司在2019年1月1日平价发行的债券,每张面值为1 000元,票面利率为10%,5年到期,每年12月31日付息。

试问:

1. 假定2020年1月1日的市场利率下降到6%,若甲公司在此时欲购买乙债券,则债券的价格为多少时才可购买?
2. 假定2020年1月1日的市场利率为12%,此时债券市价为950元,你是否购买该债券?

五、思考题

1. 什么是债券投资?
2. 简述债券的要素。

任务三　基　金　投　资

一、判断题

1. 评价基金业绩最基本和最直观的指标是基金收益率。　　　　　　　　(　)
2. 投资基金的收益是通过基金净资产的价值变化来衡量的。　　　　　　(　)
3. 封闭型基金的买卖价格主要受公司的净资产值的影响,基本不受市场供求影响。
　　　　　　　　　　　　　　　　　　　　　　　　　　　　　　　　　(　)
4. 投机型投资组合是投资者以选择价格起落较大的股票作为主要投资对象的股票组合的技巧。　　　　　　　　　　　　　　　　　　　　　　　　　　　(　)

5. 在风险分散过程中,证券组合中证券数目越多,分散风险的效应就越明显。
（　　）

二、单项选择题

1. 与股票投资相比,债券投资的优点是(　　)。
   A. 本金安全性好　　　　　　　　B. 投资收益率高
   C. 购买力风险低　　　　　　　　D. 收入稳定性强
2. 基金发起人在设立基金时,规定了基金单位的发行总额,筹集到这个总额后,基金即宣告成立,在一定时期内不再接受新投资,这种基金称为(　　)。
   A. 契约型基金　　　　　　　　　B. 公司型基金
   C. 封闭型基金　　　　　　　　　D. 开放型基金
3. 投资组合(　　)。
   A. 能分散所有风险　　　　　　　B. 能分散系统性风险
   C. 能分散非系统性风险　　　　　D. 不能分散风险
4. 一般而言,下列证券的风险程度由小到大的顺序是(　　)。
   A. 政府债券、公司债券、金融债券
   B. 金融债券、政府债券、公司债券
   C. 公司债券、政府债券、金融债券
   D. 政府债券、金融债券、公司债券

三、多项选择题

1. 契约型基金相对于公司型基金的特点有(　　)。
   A. 契约型基金的资金为公司法人的资本
   B. 契约型基金的投资人是受益人
   C. 契约型基金的投资人不享有管理基金的权利
   D. 基金运营依据是基金公司章程
2. 下列属于开放型基金的特点的有(　　)。
   A. 没有固定期限,投资人可随时向基金管理人赎回
   B. 在招募说明书中要列明其基金规模
   C. 交易价格基本不受市场供求影响
   D. 基金资产必须保持流动性,不可全部进行长期投资
3. 投资基金的特点有(　　)。
   A. 具有专家理财优势　　　　　　B. 能获得很高的投资收益
   C. 资金规模较大　　　　　　　　D. 无风险

四、业务题

某基金公司,发行的是开放式基金,2019年的有关资料如表5-6所示。

表 5-6　　　　　　　　　　　　　　基金资料表　　　　　　　　　　　　　单位:万元

项　目	年　初	年　末
基金账面价值	500	600
负债账面价值	150	150
基金资产市场价值	800	1 000
基金份数	200	300

假设公司只收取首次认购费,认购费率为基金资产净值的 5%,不收取赎回费。

要求:

1. 分别计算年初、年末的下列指标:基金净资产价值总额、基金单位净值、基金认购价、基金赎回价。

2. 计算 2019 年投资者的基金收益率。

五、思考题

1. 证券投资基金与股票、债券有何区别?
2. 简述基金的特点。
3. 基金有哪些分类?

项目实训　证券组合投资决策分析

一、实训要求

南方电器是一家家电连锁经营企业,2019 年初公司领导召开会议,决定将公司多余的资金 2 000 万元对外投资,以获取投资收益。在会上,公司领导拟订了可供选择的五个投资对象,即:国家发行的五年期国债、汽车集团发行的企业债券、春兰股份、格力电器和华工科技。要求:公司财务部提出既获得投资收益,又分散投资风险的证券组合投资决策分析报告,供公司领导研究决策。该报告的内容包括:

1. 分析政府债券收益和风险特点。
2. 分析公司债券收益和风险特点。
3. 分析股票收益和风险特点。
4. 为了获得投资收益且分散投资风险,应如何进行投资组合。

操作准备:学生以 6~8 人为一组,选定正副组长为公司财务部正副部长;财务部正副部长将组内学生按证券组合投资决策分析要求合理分工;每个小组制订一份工作计划书,工作计划书根据工作内容,由小组学生讨论制订,并经指导老师审阅批准后实施。

二、实训条件

多媒体演示设备、笔记本电脑、任务工单、实训考核表、小组工作计划书。

三、实训材料

（一）任务工单

1. 国家发行的五年期国债

通过网络查找 2019 年财政部五年期国债券发行公告的有关信息。

2. 汽车集团发行的五年期债券

汽车集团为国家重点企业，2019 年经财政部批准发行五年期重点企业债券 5 亿元，票面利率为 6%，每半年付息一次。

3. 春兰股份（代码 600854）

通过网络查找 2019 年度年报等有关信息。

4. 格力电器（代码 000651）

通过网络查找 2019 年度年报等有关信息。

5. 华工科技（代码 000988）

通过网络查找 2019 年度年报等有关信息。

（二）完成任务

1. 编制南方电器证券组合投资决策分析计划书（表 5-7）

表 5-7　　　　　　南方电器证券组合投资决策分析计划书

主要内容	实施时间	实施形式	主要负责人
研究证券组合投资决策分析的任务、要求与分工			
复习证券组合投资收益和风险的计算及评价的方法			
查找 2019 年财政部五年期国债券发行公告有关信息			
查找 2019 年春兰股份（代码 600854）年报等有关信息			
查找 2019 年格力电器（代码 000651）年报等有关信息			
查找 2019 年华工科技（代码 000988）年报等有关信息			
计算分析五个投资对象的收益和风险特点			
提出并撰写证券组合投资决策分析报告			

其他：

学习小组组长：　　　　　学习小组成员：

　　　　　　　　　　　　　　　　　　　　年　月　日

指导老师审阅意见：

　　　　　　　　　　　签名：

　　　　　　　　　　　　　年　月　日

2. 编制 2019 年五年期国债信息摘录(表 5-8)

表 5-8　　　　　　　2019 年五年期国债发行信息摘录

学习小组成员签字：

3. 编制春兰股份近三年主要财务数据表(表 5-9)

表 5-9　　　　　　　春兰股份近三年主要财务数据

财务指标	2019 年	2018 年	2017 年
主营业务收入/万元			
净利润/万元			
扣除后净利润/万元			
总资产/万元			
股东权益/万元			
每股收益/元			
每股净资产/元			
每股现金流量/元			
净资产收益率/%			

学习小组成员签字：

4. 编制格力电器近三年主要财务数据表(表 5-10)

表 5-10　　　　　　　格力电器近三年主要财务数据

财务指标	2019 年	2018 年	2017 年
主营收入/万元			
净利润/万元			
扣除后净利润/万元			
总资产/万元			
股东权益/万元			
每股收益/元			
每股净资产/元			
每股现金流量/元			
净资产收益率/%			

学习小组成员签字：

5. 编制华工科技近三年主要财务数据表(表 5-11)

表 5-11　　　　　　　　　华工科技近三年主要财务数据

财务指标	2019 年	2018 年	2017 年
主营收入/万元			
净利润/万元			
扣除后净利润/万元			
总资产/万元			
股东权益/万元			
每股收益/元			
每股净资产/元			
每股现金流量/元			
净资产收益率/%			

学习小组成员签字：_____

6. 编制投资对象收益和风险分析报告(表 5-12)

表 5-12　　　　　　　　　投资对象收益和风险分析报告

政府债券	
企业债券	
春兰股份	
格力电器	
华工科技	

学习小组成员签字：_____

7. 编制南方电器证券组合投资决策分析报告(表 5-13)

表 5-13　　　　　　　　　南方电器证券组合投资决策分析报告

一、证券组合投资对象概况

二、投资对象收益和风险分析

三、证券组合投资的方案

四、证券组合投资方案说明

财务部部长：
财务部副部长：
财务部成员：

四、操作流程

1. 各小组学习任务目标和任务描述,研究任务工单和应完成的任务。
2. 复习证券组合投资收益和风险的计算及评价的方法。
3. 各小组讨论制订南方电器公司证券组合投资决策工作计划书。
4. 指导老师审阅各小组制订的南方电器公司证券组合投资决策工作计划书,并签批。
5. 各小组通过网络收集 2019 年五年期国债发行公告。
6. 各小组通过网络收集 2019 年春兰股份、格力电器和华工科技年度报告。
7. 各小组组合计算分析五个投资对象的收益和风险特点。
8. 各小组提出并撰写证券投资组合决策分析报告。

项目六　营运资金管理

学习指导

一、现金管理

（一）持有现金的动机与成本

现金是指占用在各种货币形态上的资产,包括库存现金、银行存款及其他货币资金,是企业流动性最强的货币性资产,具有普遍的可接受性。持有现金的动机如图6-1所示。

持有现金的动机 ⎰ 交易性动机:为维持正常的生产经营活动而持有的现金
　　　　　　　 ⎨ 预防性动机:为应付紧急情况而持有的现金
　　　　　　　 ⎩ 投机性动机:为把握市场投资机会,获取较大收益而持有的现金

图6-1　持有现金的动机

持有现金的成本如图6-2所示。

持有现金 ⎰ 管理成本:企业因持有一定数量的现金而发生的管理费用
的成本　 ⎨ 机会成本:企业因持有一定量的现金而丧失的再投资收益
　　　　 ⎨ 短缺成本:在现金持有量不足而又无法通过短期有价证券转换获取现金时所造成的损失
　　　　 ⎩ 转换成本:企业用现金取得短期有价证券和将短期有价证券换回现金时付出的交易费用

图6-2　持有现金的成本

（二）最佳现金持有量的确定

1. 成本分析模式

最佳现金持有量,就是持有现金而产生的机会成本与短缺成本之和最小时的现金持有量。

成本分析模式是根据现金有关成本,分析预测其总成本最低时现金持有量的一种方法。运用成本分析模式确定现金最佳持有量时,只考虑因持有一定量的现金而产生的机会成本及短缺成本,而不考虑管理费用和转换成本。

在这种模式下,持有现金总成本＝机会成本＋短缺成本。

2. 存货模式

将存货经济订货批量模型原理用于确定目标现金持有量,其着眼点也是现金相关成本之和最低。最佳现金持有量是指能够使现金管理的机会成本与转换成本之和保持最低的现金持有量。

用公式表示:
$$TC = \frac{Q}{2}K + \frac{T}{Q}F$$

求导后:
$$Q = \sqrt{\frac{2TF}{K}}$$

（三）现金日常管理

（1）力争现金流量同步。即尽量使企业的现金流入与现金流出发生的时间趋于一致,促使所持有的交易性现金余额降到最低水平。

（2）使用现金浮游量。从企业开出支票,收票人收到支票并存入银行,至银行将款项划出企业账户,中间需要一段时间,现金在这段时间的占用称为现金浮游量。在使用现金浮游量时,一定要控制好使用时间。

（3）加速收款速度。在利用应收款吸引顾客,又缩短收款时间两者之间找到适当的平衡点,并需实施妥善的收账策略。

（4）推迟应付款的支付。在不影响企业信誉的前提下,尽可能地推迟应付款的支付期,充分运用供货方所提供的信用优惠。

二、应收账款管理

（一）应收账款的功能和管理目标

应收账款是企业因对外赊销商品、产品、提供劳务及其他原因,应向购货单位或接受劳务单位及其他单位收取的款项,主要包括应收销售款、其他应收款和应收票据等。

应收账款形成的原因有商业竞争、销售和收款的时间差距。

应收账款具有扩大销售和减少存货的两个基本功能。

应收账款管理的基本目标是在发挥应收账款功能效应的同时,尽可能降低应收账款成本,求得尽可能多的利润。

（二）应收账款的成本

（1）机会成本,指因为应收账款占用资金而丧失的其他投资所应获取的收益。

应收账款机会成本＝应收账款占用资金×资金成本

其中,应收账款占用资金也就是企业维持赊销业务所需要的资金,资金成本率一般可按有价证券利息率来计算；维持赊销业务所需要的资金可按下列公式计算:

应收账款平均余额＝日销售平均余额×平均收账天数

应收账款占用资金＝应收账款平均余额×变动成本率

（2）管理成本,指企业因管理应收账款而发生的各项费用。包括对客户的资信调查费用、应收账款账簿记录费用、收账费用以及其他费用,其中主要的是收账费用。

(3) 坏账成本,指因为应收账款无法收回所带来的损失。一般同企业的应收账款的数量成正比,即应收账款越多,坏账成本也越多。

(三) 信用政策的制定

信用政策即应收账款的管理政策,是企业对应收账款投资进行规划和控制的基本原则和行为规范。企业信用政策主要包括信用标准、信用条件和收账政策三部分。

(1) 信用标准。指企业对客户采用的信用政策进行选择时采用的一般评价标准。企业在制定或选用信用标准时,要考虑以下三个基本因素:同行业竞争对手的情况;企业承担违约风险的能力;调查和评估客户的资信程度,即"五C"系统。

(2) 信用条件。指信用期限和现金折扣政策。

① 信用期限的改变必须通过分析计算放宽信用期得到的收益与增加的成本。

② 现金折扣政策是与信用期限结合使用的,需要把所提供的延期付款时间和折扣综合起来,计算各方案的延期与折扣能取得多大的收益增量,再计算各方案带来的成本变化,最终确定最佳方案。

(3) 收账政策。指企业收取应收款项时可采取的措施。

理想的信用政策就是企业采取或松或紧的信用政策时所带来的收益最大的政策,信用条件的改变包括是否给予现金折扣等相关决策都要以净收益作为决策的依据。

(四) 应收账款的日常管理

(1) 应收账款追踪分析。对应收账款实施追踪分析的重点应放在赊销商品的销售与变现方面。根据客户的信用品质以及现金持有量与调剂程度判断其能否严格履行信用条件。根据应收账款的追踪调查分析,及时调整当前的收账政策。

(2) 应收账款账龄分析。应收账款账龄分析就是将应收账款划分为未到信用期的应收账款和以30天为间隔的逾期应收账款,并计算出各部分应收账款金额占全部应收账款金额的百分比,所以也称为应收账款账龄结构分析。

三、存货管理

(一) 存货的功能与成本

存货是指企业在生产经营过程中为销售或者耗用而储备的物资,包括各类材料、商品、在产品、半成品、产成品等。

(1) 存货的功能包括:

① 合理储备存货可以保证生产或销售的经营需要。

② 存货批量采购有利于降低进货成本,从而合理组织生产、降低生产成本。

(2) 存货成本的分类如图6-3所示。

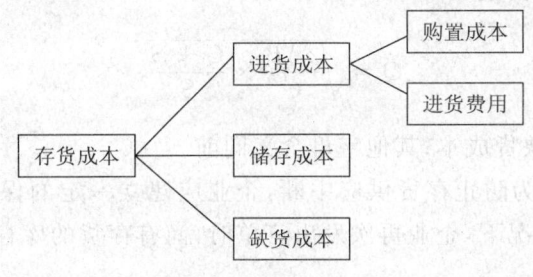

图6-3 存货成本的分类

(二)存货管理的方法

存货管理的目标是要在存货成本与收益之间进行权衡,达到两者的最佳结合,争取以最低的存货成本保证正常生产经营的需要,并最大可能地提高经济效益。

实现存货管理的目标,关键在于确定一个最佳的存货数量,对此存货数量加以控制,使存货的总成本最低。在企业存货管理和控制的实践过程中,逐步形成了一些有效的存货控制方法,最主要包括存货经济批量模型、存货 ABC 分类控制等。

1. 存货经济批量模型

按照存货管理的目的,通过合理的进货批量和进货时间,使存货的总成本最低,这个批量叫做经济进货批量或经济订货批量。

(1) 存货经济订货批量的基本模型,即:

存货的经济批量:

$$Q=\sqrt{\frac{2AB}{C}}$$

经济进货批量的存货总成本:

$$TC=\sqrt{2ABC}$$

经济进货批量平均占用资金:

$$I=\frac{Qp}{2}$$

年度最佳进货批次:

$$N=\frac{A}{Q}$$

以上公式中:TC 为存货总成本;A 为存货年需要量;Q 为经济订货批量;B 为每次订货成本;C 为单位存货年储存成本;P 为进货单价。

(2) 享受数量折扣条件的经济进货批量模型。计算的基本步骤是:

① 按照基本模型确定出无数量折扣情况下的经济进货批量及其总成本。

② 考虑不同批量的进价成本差异因素,通过比较确定出成本总额最低的进货批量,即为有数量折扣时的经济进货批量。

(3) 允许缺货时的经济进货模式。允许缺货情况下,企业确定经济订货批量要考虑的成本有:变动订货成本、变动储存成本和缺货成本,此时的经济订货批量为这三种成本之和为最低时的批量。其计算公式为:

$$Q=\sqrt{\frac{2AB}{C}\times\frac{C+S}{S}}$$

式中:S 为单位缺货成本;其他字母含义同前。

(4) 保险储备。为防止存货供应中断,企业应建立一定的保险储备。再订货点,就是在提前订货的情况下,企业再次发出订单时,尚有存货的库存量。

再订货点 = 预计交货期内的存货需求 + 保险储备

最佳的保险储备应该是使缺货损失和保险储备的持有成本之和为最低。

2. 存货日常管理

存货日常管理的目标是在保证企业生产经营正常进行的前提下尽量减少库存,防止积压。实践中常用的方法有存货储存期控制和存货 ABC 分类管理,其中 ABC 分类控制法是较常用的一种方法。

存货 ABC 管理就是按照一定的标准,将企业的存货划分为 A、B、C 三类,实行分品种重点管理、分类别一般控制和按总额灵活掌握的存货管理方法。

存货分类的标准主要是两个:一是金额标准,二是品种数量标准,其中最基本的是金额标准,如表 6-1 所示。

表 6-1　　　　　　　　　　　存货 ABC 分类标准

存货分类	金额比重	品种比重
A 类存货	70%	10%
B 类存货	20%	20%
C 类存货	10%	70%

将存货划分为 A、B、C 三类后,应采取不同的管理方法,对 A 类存货应进行重点管理;对 B 类存货通过划分类别的方式进行管理;C 类存货可以只对其进行总量控制和管理。

习　题

任务一　现金管理

一、判断题

1. 在利用成本分析模式和存货模式确定现金最佳持有量时,可以不考虑管理成本的影响。(　　)
2. 企业营运资金余额越大,说明企业风险越小,收益率越高。(　　)
3. 企业现金持有量过多会降低企业的收益水平。(　　)
4. 现金持有成本是指企业持有现金所放弃的投资报酬。(　　)
5. 企业进行正常的短期投资活动所需要的现金,属于正常交易动机所需现金。(　　)

二、单项选择题

1. 现金短缺成本与现金持有量之间的关系是(　　)。
   A. 同向变动　　　　　　　　　　　　B. 反向变动
   C. 无明确变动比例　　　　　　　　　D. 不相关

2. 下列项目中属于持有现金的机会成本的是（　　）。
   A. 现金管理人员工资　　　　　　　B. 现金安全措施费用
   C. 现金被盗损失　　　　　　　　　D. 现金的再投资收益
3. 与现金持有量没有明显比例关系的成本是（　　）。
   A. 机会成本　　　　　　　　　　　B. 资金成本
   C. 管理成本　　　　　　　　　　　D. 短缺成本
4. 持有过量现金可能导致的不利后果是（　　）。
   A. 财务风险加大　　　　　　　　　B. 收益水平下降
   C. 偿债能力下降　　　　　　　　　D. 资产流动性下降
5. 下列有关现金的成本中，属于固定成本性质的是（　　）。
   A. 现金管理成本　　　　　　　　　B. 占用现金的机会成本
   C. 转换成本中的委托买卖佣金　　　D. 现金短缺成本
6. 某公司每年（360天）现金需求额为400万元，每次转换的交易成本为20万元，银行的存款利率为10%，则该公司目标现金持有量为（　　）万元。
   A. 200　　　　B. 300　　　　C. 400　　　　D. 500
7. 某企业每月现金需要量为250 000元，现金及有价证券的每次转换金额为50 000元，每次转换成本为400元，则每月现金的转换成本为（　　）元。
   A. 2 000　　　B. 12 500　　　C. 4 000　　　D. 5 000
8. 在确定最佳现金持有量时，成本分析模式和存货模式均需考虑的因素是（　　）。
   A. 持有现金的机会成本　　　　　　B. 固定性转换成本
   C. 现金短缺成本　　　　　　　　　D. 现金保管费用
9. 企业在进行现金支出管理时，可利用的现金浮游量是指（　　）。
   A. 企业账户所记存款余额
   B. 银行账户所记企业存款余额
   C. 企业账户与银行账户所记存款余额之差
   D. 企业实际现金余额超过最佳现金持有量之差

三、多项选择题

1. 企业持有现金的动机有（　　）。
   A. 交易动机　　　　　　　　　　　B. 预防动机
   C. 投机动机　　　　　　　　　　　D. 维持补偿性余额
2. 下列表述中不正确的有（　　）。
   A. 现金持有量越大，资金成本越高　　B. 现金持有量越大，短缺成本越高
   C. 现金持有量越大，资金成本越低　　D. 现金持有量越大，短缺成本越低
3. 企业的最佳现金持有量是（　　）之和最小的现金持有规模。
   A. 短缺成本　　　　　　　　　　　B. 管理成本
   C. 机会成本　　　　　　　　　　　D. 沉没成本

4. 企业运用存货模式确定最佳现金持有量所依据的假设包括(　　)。
   A. 所需现金只能够通过银行借款取得　　B. 预算期内现金需要总量可以预测
   C. 现金支出过程比较稳定　　　　　　　D. 证券利率及交易成本可以知道

5. 短缺成本是企业缺乏必要现金,不能应付业务开支而蒙受的损失,这种损失主要包括(　　)。
   A. 丧失购买机会　　　　　　　　　　　B. 造成信用损失
   C. 丧失投资机会　　　　　　　　　　　D. 造成投资损失

6. 用存货模式分析确定最佳现金持有量时,应予考虑的成本费用项目有(　　)。
   A. 现金管理费用　　　　　　　　　　　B. 现金与有价证券的转换成本
   C. 持有现金的机会成本　　　　　　　　D. 现金短缺成本

四、业务题

1. 某企业有三种现金持有方案,具体方案如表6-2所示。

表6-2　　　　　　　　　　　　　　现金持有方案表

项　目	甲方案	乙方案	丙方案
现金余额/万元	25 000	50 000	100 000
管理成本/万元	20 000	20 000	20 000
短缺成本/万元	12 000	6 750	0
机会成本率	10%	10%	10%

要求:计算该企业的最佳现金持有量。

2. 某企业预计全年总的现金需求量是720万元,企业以有价证券作为外部筹资间断的缓冲形式,假设每次交易成本为25元,利率为10%。

要求:利用存货模式,计算该企业的最佳现金持有量,并分析最低现金管理成本。

五、思考题

1. 现金管理的目标是什么?
2. 持有现金的成本有哪些?
3. 最佳现金持有量的计算可以采用哪些方法?
4. 请说明加强现金日常管理的措施。

任务二　应收账款管理

一、判断题

1. 应收账款的功能指其在生产经营中的作用,主要包括两方面的功能:一是增加销售,二是减少存货。(　　)

2. 企业的信用标准严格,给予客户的信用期很短,使得应收账款周转率很高,将有利于增加企业的利润。(　　)

3. 企业给予客户现金折扣时,当折扣带来的收益超过其成本时,才可实行。（　　）
4. 收账费用与坏账损失呈反向变动关系,收账费用发生得越多,坏账损失就越小,因此,企业应不断加大收账费用,以便将坏账损失降到最低。（　　）
5. 通过应收账款账龄分析,编制账龄分析表,可以了解各客户的欠款金额、欠款期限和偿还欠款的可能时间。（　　）
6. 一般来讲,企业应收账款占用资金越多,机会成本也越高。（　　）

二、单项选择题

1. 衡量应收账款信用标准的指标通常是（　　）。
   A. 应收账款周转率　　　　　　　B. 客户的资信程度
   C. 预期的坏账损失率　　　　　　D. 应收账款收现保证率

2. 在下列费用中,属于应收账款机会成本的是（　　）。
   A. 转换费用　　　　　　　　　　B. 坏账损失
   C. 收账费用　　　　　　　　　　D. 投资于应收账款而丧失的再投资收益

3. 假设某企业预测的年赊销额为2 000万元,应收账款平均收账天数为45天,变动成本率为60%,资金成本率为8%,一年按360天计,则应收账款的机会成本为（　　）万元。
   A. 250　　　　B. 200　　　　C. 15　　　　D. 12

4. 下列各项中,企业制订信用标准时不予考虑的因素是（　　）。
   A. 同行业竞争对手的情况　　　　B. 企业自身的资信程度
   C. 客户的资信程度　　　　　　　D. 企业承担违约风险的能力

5. 某企业销售商品,年赊销额为500万元,信用条件为"2/10, 1/20, n/40",预计将会有60%的客户享受2%的现金折扣,30%的客户享受1%的现金折扣,其余的客户均在信用期付款,则企业应收账款平均收账天数为（　　）天。
   A. 14　　　　B. 15　　　　C. 16　　　　D. 无法计算

6. 下列不属于信用条件的是（　　）。
   A. 现金折扣　　　　　　　　　　B. 数量折扣
   C. 信用期间　　　　　　　　　　D. 折扣期间

7. 既要充分发挥应收账款的作用,又要加强应收账款的管理,其核心是（　　）。
   A. 加强销售管理　　　　　　　　B. 制定适当的信用政策
   C. 采取积极的收账政策　　　　　D. 尽量采用现款现货

8. 在其他因素不变的情况下,企业采用积极的收账政策,可能导致的后果是（　　）。
   A. 坏账损失增加　　　　　　　　B. 收账费用增加
   C. 应收账款投资增加　　　　　　D. 平均收账期延长

9. 某企业规定的信用条件是"5/10, 2/20, n/30",一客户从该企业购入原价为10 000元的原材料,并于第15天付款,该客户实际支付的货款应为（　　）元。
   A. 9 500　　　　B. 10 000　　　　C. 9 800　　　　D. 9 900

三、多项选择题

1. 企业发生应收账款的主要原因有（　　）。
   A. 商业竞争　　　　　　　　　B. 客户未付款
   C. 客户延期付款　　　　　　　D. 销售和收款的时间差距

2. 应收账款的成本包括（　　）。
   A. 机会成本　　　　　　　　　B. 坏账损失
   C. 财务成本　　　　　　　　　D. 管理成本

3. 与应收账款机会成本有关的因素有（　　）。
   A. 应收账款平均余额　　　　　B. 变动成本率
   C. 销售成本率　　　　　　　　D. 资金成本率

4. 以下有关企业信用政策的表述中，正确的有（　　）。
   A. 信用标准太严可能会损失销售
   B. 信用标准太松会导致扩大坏账损失
   C. 信用标准越严，发生坏账的可能性越小，企业利润越高
   D. 信用标准越松，企业利润越高

5. 制定收账政策，要在（　　）之间进行权衡。
   A. 增加坏账损失　　　　　　　B. 减少机会成本
   C. 增加收账费用　　　　　　　D. 减少坏账损失

6. 某企业的信用条件为"5/10，2/20，n/30"，则以下选项中正确的有（　　）。
   A. "5/10"表示10天内付款，可以享受5%的价格优惠
   B. "2/20"表示20天内付款，可以享受2%的价格优惠
   C. "n/30"表示的是最后的付款期限是30天，此时付款无优惠
   D. 如果该企业有一项100万元的货款需要收回，客户在第15天付款，则该客户只需要支付98万元货款

四、业务题

1. 某公司为扩大其产品销量，拟放宽信用期，有关资料如表6-3所示。

表6-3　　　　　　　　某公司有关资料

信用期限	现在信用期45天	建议信用期90天
销售量/件	50 000	80 000
单　价/元	10	10
单位变动成本/元	5	5
固定成本/元	4 000	4 000
销售额坏账损失率/%	10	12
收账费用/元	5 000	8 000

要求：假定公司要求的最低报酬率为15%，试判断该公司是否应放宽信用期？

2. 某公司预计的年度赊销收入为6 000万元,信用条件是"2/10,1/20,n/60",其变动成本率为65%,资金成本率为8%,收账费用为70万元,坏账损失率为4%。预计占赊销额70%的客户会利用2%的现金折扣,占赊销额10%的客户利用1%的现金折扣,一年按360天计算。

要求:
(1) 计算年赊销净额。
(2) 计算信用成本前收益。
(3) 计算平均收账期。
(4) 计算应收账款机会成本。
(5) 计算信用成本后收益。

五、思考题

1. 应收账款管理的目标是什么?
2. 什么是应收账款的信用政策?
3. 企业应如何制定收账政策?
4. 应收账款的日常管理包括哪些方面?

任务三 存货管理

一、判断题

1. 在存货经济进货批量的基本模型中,存货的进价成本、订货固定成本和储存固定成本均为常量,但短缺成本是决策相关成本。（　　）
2. 如果存货市场供应不足,即使满足有关的基本假设条件,也不能利用经济订货量基本模型进行存货管理。（　　）
3. 再订货点是在提前订货的前提下,企业再次发出订单时尚有存货的库存量。（　　）
4. 研究保险储备的目的,就是寻找使订货成本和储备成本之和最小的保险储备量。（　　）
5. 在存货的ABC分类管理法下,应当重点管理的是品种数量较少但金额巨大的存货。（　　）

二、单项选择题

1. 下列关于存货成本的说法中不正确的是(　　)。
A. 进货成本主要由存货的购置成本和进货费用构成
B. 进货费用又称订货成本
C. 购置成本主要由存货的进价和进货费用构成
D. 缺货成本,是指存货不足给企业造成的停产损失、延误发货的信誉损失及丧失销售机会的损失等

2. 以下各项与存货有关的成本费用中,不影响经济进货批量的是(　　)。
　A. 专设采购机构的基本开支　　　　B. 采购员的差旅费
　C. 存货资金占用费　　　　　　　　D. 存货的保险费
3. 某企业全年需用 A 材料 2 400 吨,每次的订货成本为 400 元,每吨材料年储备成本为 12 元,则每年最佳订货次数为(　　)次。
　A. 12　　　　　B. 6　　　　　C. 3　　　　　D. 4
4. 允许缺货时的经济进货批量一般会(　　)不允许缺货时的经济进货批量。
　A. 大于　　　　B. 小于　　　　C. 等于　　　　D. 不一定
5. 缺货成本是指存货供应中断而造成的损失,下列各项不属于存货缺货成本的是(　　)。
　A. 材料供应中断导致的停工损失　　B. 存货破损和变质损失
　C. 紧急额外购入成本　　　　　　　D. 不能及时供货支付的违约金
6. 下列关于存货保险储备的表述中,不正确的是(　　)。
　A. 保险储备是企业为防止存货耗用突然增加或交货延期等意外情况而进行的储备
　B. 保险储备越多,缺货可能性越小,给企业造成的生产损失越小,所以保险储备越多越好
　C. 保险储备不会影响经济订货批量的计算
　D. 保险储备会影响再订货点的确定
7. 存货 ABC 管理中,将存货金额很大、品种数量很少的存货划分为(　　)。
　A. A 类　　　　B. D 类　　　　C. C 类　　　　D. AB 类

三、多项选择题
1. 存货经济进货批量的基本模型考虑的成本有(　　)。
　A. 缺货成本　　　　　　　　　　　B. 订货成本
　C. 储存成本　　　　　　　　　　　D. 进价成本
2. 下列因素中,影响经济订货批量的有(　　)。
　A. 仓库人员的固定月工资　　　　　B. 存货的年耗用量
　C. 存货占用资金的应计利息　　　　D. 常设采购机构的基本开支
3. 下列项目中属于变动储存成本的有(　　)。
　A. 仓库折旧　　　　　　　　　　　B. 存货资金的应计利息
　C. 存货的破损变质损失　　　　　　D. 存货的保险费用
4. 确定再订货点,需要考虑的因素有(　　)。
　A. 保险储备量　　　　　　　　　　B. 每天消耗的原材料数量
　C. 预计交货时间　　　　　　　　　D. 每次订货成本
5. 在对存货实行 ABC 分类管理的情况下,ABC 三类存货的品种数量比重大致为(　　)。
　A. 0.7∶0.2∶0.1　　B. 0.1∶0.2∶0.7　　C. 0.5∶0.3∶0.2　　D. 0.2∶0.3∶0.5

四、业务题

1. 某企业每年需耗用 A 材料 45 000 件,单位材料年存储成本为 20 元,平均每次进货费用为 180 元,A 材料全年平均单价为 240 元。假定不存在数量折扣,不会出现陆续到货和缺货的现象。

要求:
(1) 计算 A 材料的经济进货批量。
(2) 计算 A 材料的年度最佳进货批数。
(3) 计算 A 材料的经济进货批量的总成本。
(4) 计算 A 材料的经济进货批量占用资金。

2. 某企业每年需用甲材料 8 000 件,每次订货成本为 160 元,每件材料的年储存成本为 6 元,该种材料的单价为 25 元/件,一次订货量在 2 000 件以上时可获 3% 的折扣,在 3 000 件以上时可获 4% 的折扣。

要求:计算确定对企业最有利的进货批量。

项目实训 信用政策决策

一、任务目标

通过本训练掌握企业信用政策的选择。

二、任务描述

鼎盛装饰材料厂近年来采取比较宽松的信用政策,因而销售量有所增加,但坏账损失也有所增加。作为财务管理人员,请你为企业决策者作出以下分析:
(1) 该企业采用逐渐宽松的信用政策是否成功。
(2) 如果企业准备对第三年的信用政策作出修订,则能否采用这个修订后的信用方案。

三、操作准备

(1) 学生分组。学生以 6~8 人为一组,选定正副组长负责组内工作。
(2) 熟悉方案。由组长负责,组织小组人员对提供的方案进行研讨,明确任务目标。
(3) 制订工作计划书。每个小组制订一份工作计划书,工作计划书根据工作内容由小组学生讨论制订,并经指导老师审阅批准后实施。

四、操作流程

(1) 各小组对信用政策的选择和任务工单进行全面了解。
(2) 各小组讨论制订信用政策选择工作计划书。
(3) 指导老师审阅各小组信用政策选择工作计划书,并签批。
(4) 各小组根据任务目标和任务工单进行计算、评价。

(5) 各小组撰写信用政策选择评价报告。
(6) 各小组汇报、交流。

五、实训材料

(1) 鼎盛装饰材料厂近三年的信用政策如表 6-4 所示,公司变动成本率为 65%,有价证券利息率为 20%,公司收账政策不变,固定成本不变。

表 6-4　　　　　　　　　　信用政策方案表　　　　　　　　　　单位:万元

项　　目	第一年($n/30$)	第二年($n/60$)	第三年($n/90$)
年赊销额	2 400	2 600	2 800
坏账损失	48	78	140
收账费用	25	42	58

(2) 该企业按照年赊销额百分比法估计坏账损失,如果第三年为了加速应收账款的回笼,企业决定将信用条件改为"$2/10,1/20,n/60$"。估计约有 60% 的顾客会利用 2% 的折扣;20% 的顾客会利用 1% 的折扣条件;坏账损失率降低为 3%,收账费用降低为 32 万元。

六、完成任务

(1) 编制信用政策选择工作计划书,如表 6-5 所示。

表 6-5　　　　　　　　信用政策选择工作计划书

计算评价的主要内容	实施时间	实施形式	主要负责人

其他:

学习小组组长:　　　　　　学习小组成员:
　　　　　　　　　　　　　　　　　　　　　　年　月　日

指导老师审阅意见:

　　　　　　　　　　　　　　　　　　　　签名:
　　　　　　　　　　　　　　　　　　　　　　年　月　日

(2) 计算原信用政策下三年的信用成本后收益,如表 6-6 所示。

表 6-6　　　　　　　　　　信用成本收益表　　　　　　　　　单位:万元

项　目	第一年($n/30$)	第二年($n/60$)	第三年($n/90$)
年赊销额			
变动成本			
信用成本前收益			
应收账款机会成本			
坏账损失			
收账费用			
信用成本后收益			

(3) 计算信用条件改变后企业信用成本后收益,如表 6-7 所示。

表 6-7　　　　　　　　　　信用成本收益表　　　　　　　　　单位:万元

项　目	信用条件改变后($2/10$,$1/20$,$n/60$)
年赊销额	
变动成本	
信用成本前收益	
应收账款机会成本	
坏账损失	
收账费用	
信用成本后收益	

(4) 编制信用政策选择评价报告,如表 6-8 所示。

表 6-8　　　　　　　　信用政策选择评价报告表　　　　　　　单位:万元

信用政策选择评价报告
原信用政策评价
新信用政策评价

学习小组成员签字:

七、讨论评价

(1) 各小组相互汇报、交流,时间不超过 10 分钟。
(2) 各小组听取汇报交流并打分互评。
(3) 指导老师打分并点评。

项目七　利润分配管理

学习指导

一、利润的概念与形成

利润是指企业在一定会计期间的经营成果。

（一）会计利润的构成

会计利润的指标包括利润总额、营业利润和净利润三大类。

（1）利润总额是企业在一定时期生产经营活动所取得的主要财务成果。从整个社会来看，利润是社会再生产的重要资金来源；从企业来看，利润是企业生产生存与发展的必要条件，也是评价企业生产经营状况的一个重要指标。

利润总额的计算公式如下：

$$利润总额 = 营业利润 + 营业外收入 - 营业外支出$$

（2）利润总额的构成主体是营业利润。营业利润由营业收入、营业成本、营业税金及附加、销售费用、管理费用、财务费用、资产减值损失、公允价值变动损益和投资净收益等内容构成。

营业利润的计算公式如下：

$$营业利润 = 营业收入 - 营业成本 - 税金及附加 - 销售费用 - 管理费用 - 财务费用 - 资产减值损失 \pm 公允价值变动损益 \pm 投资净收益$$

（3）净利润是指企业利润总额减去所得税费用之后的金额。净利润的计算公式如下：

$$净利润 = 利润总额 - 所得税费用$$

（二）财务管理中利润的概念

在企业的财务管理活动中，利润根据其构成不同，还可以表述为以下不同的层次：

息税前利润、税前利润和税后利润。

(1) 息税前利润是指企业支付利息和缴纳所得税之前的利润,其计算公式可以分别从其形成和分配两个方面反映。

从形成方面看:

$$息税前利润 = 营业收入 - 营业成本 - 税金及附加 - 销售费用 - 管理费用 - 财务费用 - 资产减值损失 \pm 公允价值变动损益 \pm 投资净收益 + 营业外收支净额$$

或者:息税前利润 = 利润总额 + 利息费用

从分配方面看:

$$息税前利润 = 净利润 + 所得税 + 利息费用$$

(2) 税前利润是指企业的息税前利润扣除利息费用后的余额,是计算企业所得税的重要依据,也称为利润总额。其计算公式也可以分别从其形成和分配两个方面反映。

从形成方面看:

$$税前利润 = 息税前利润 - 利息费用$$

从分配方面看:

$$税前利润 = 净利润 + 所得税$$

(3) 税后利润也称为净利润,它是与投资者权益资本相对应,归属于投资者的利润。其计算公式为:

$$税后利润 = 税前利润 - 所得税$$

(三)目标利润的概念

目标利润是指企业在未来一段期间内,通过企业经营管理应该或者可以达到的利润控制目标。目标利润是企业未来经营必须考虑的重要战略目标之一。

二、目标利润的预测方法

企业确定目标利润时,应对企业所处的市场环境、自身的战略能力进行分析,明确企业在市场中的定位,目标利润预测的方法主要包括定性预测和定量预测两种。

定性预测主要是依靠分析者过去的经验和掌握的科学知识进行判断、分析,推断事物的性质和发展趋势,作为预测未来的主要依据。

定量预测方法有:上加法、销售收入增长率预测法、本量利分析预测法。

(一)上加法

上加法是根据有关基期的目标利润总额和过去若干期间平均利润增长幅度预测目标利润的一种方法。上加法的计算公式为:

$$目标利润 = 基期目标利润 \times (1 + 利润增长率)$$

（二）销售收入增长率预测法

销售收入增长率预测法的基本思路是认为利润与销售收入之间存在一定的正比例关系。当已通过合理的预测方法来确认了未来销售的增长率时，也就预知了未来利润的增长率。销售收入增长率预测法的计算公式为：

$$目标利润 = 基期实际利润总额 \times (1 + 下一期销售收入增长率)$$

（三）本量利分析预测法

本量利分析预测法是指利用本（成本）量（业务量）利（利润）之间的关系的基本公式来预测目标利润的方法。本量利分析预测法计算公式为：

$$P = px - bx - a = (p-b)x - a = cmx - a$$

式中：P 为目标利润；p 为销售单价；x 为销售量；b 为单位变动成本；a 为固定成本总额，cm 为单位贡献毛益。

1. 保本点（盈亏临界点）的计算

保本点，亦称盈亏临界点，指销售总收入等于总成本，贡献毛益正好抵偿全部固定成本，利润为零的销售量或销售额。

当企业生产单一品种的产品时，根据本量利分析的基本模型，设：保本量为 X_0，保本额为 Y_0，令利润 $P=0$，则

$$保本量\ X_0 = \frac{a}{(p-b)} = \frac{a}{cm}$$

$$保本额\ Y_0 = pX_0$$

在计算保本点时，是基于单价、固定成本以及单位变动成本既定的前提下测算的，但实际上这种静态平衡是不可能维持很久的，每一个因素的变化都会导致保本点的变动。销售单价与保本点成反比例变化；单位变动成本和固定成本则与保本点成正比例变化。

多品种条件下保本点的计算常用的方法是加权平均贡献毛益率法。加权平均贡献毛益率法又叫综合贡献毛益率法，是指以各品种产品的贡献毛益（率）为基础，用各产品的预计销售比重（产品销售结构）为权数，进行加权平均计算的，反映企业多产品综合创利能力的平均贡献毛益率。

主要计算公式如下：

$$加权平均贡献毛益率 = \frac{\sum 各种产品贡献毛益}{\sum 各种产品销售收入} \times 100\%$$

或者：

$$加权平均贡献毛益率 = \sum (各种产品的贡献毛益率 \times 该种产品销售比重)$$

则：

$$综合保本额 = \frac{固定成本总额}{加权平均贡献毛益率}$$

$$某种产品销售比重 = \frac{该种产品预计销售额}{\sum 各产品预计销售额} \times 100\%$$

$$某种产品保本销售额 = 综合保本销售额 \times 该产品销售比重$$

$$某种产品保本销售量 = \frac{该产品保本销售额}{该产品销售单价}$$

2. 保利点的计算

保利点也称实现目标利润的业务量，具体包括实现目标利润销售量和实现目标利润销售额两项指标。

根据前述的本量利分析的基本数学模型，在单一品种条件下，保利点的销售量和销售额可计算如下：

$$保利量(X_1) = (固定成本 + 目标利润)/(单价 - 单位变动成本)$$
$$= (固定成本 + 目标利润)/单位贡献毛益$$

$$保利额(Y_1) = 单价 \times 保利量$$
$$= (固定成本 + 目标利润)/贡献毛益率$$
$$= (固定成本 + 目标利润)/(1 - 变动成本率)$$

设目标利润为 P，则保利点的计算公式为：

$$保利量(X_1) = \frac{a+P}{p-b} = \frac{a+P}{cm}$$

$$保利额(Y_1) = pX_1 = \frac{a+P}{cmR} = \frac{a+P}{1-bR}$$

式中：cmR 为贡献毛益率，bR 为变动成本率。

3. 保本点作业率与安全边际的确定

保本点作业率（盈亏临界点作业率）表明企业的保本业务量在正常业务量（实际或预计业务量）中所占的比重，是指保本点销售量（销售额）占实际或预计销售量（销售额）的百分比。

保本点作业率还表明保本状态下生产经营能力的利用程度。其计算公式为：

$$保本点作业率 = \frac{保本点销售量(或销售额)}{实际或预计的销售量(或销售额)} \times 100\%$$

保本点作业率是一个逆指标，指标数值越小，说明企业经营越安全。

安全边际是指企业实际或预计的销售量（或销售额）与保本销售量（或销售额）之间的差量（或差额），称为安全边际量（或安全边际额）。

安全边际可以有以下三种表示方法：

$$安全边际量 = 实际(或预计)销售量 - 保本销售量$$
$$安全边际额 = 实际(或预计)销售额 - 保本销售额$$
$$安全边际额 = 安全边际量 \times 销售单价$$

安全边际率：安全边际与实际（或预计）销售量（或销售额）之间的比率，公式如下：

$$安全边际率 = \frac{安全边际量(额)}{实际(或预计)销售量(额)} \times 100\%$$

安全边际越大,企业发生亏损的可能性越小,企业的生产经营就越安全。企业的安全性检验标准,如表 7-1 所示。

表 7-1　　　　　　　　　　企业经营安全性检验标准

安全边际率/%	40 以上	30～40(含)	20～30(含)	10～20(含)	10(含)以下
安全等级	很安全	安全	较安全	值得注意	危险

安全边际与保本点之间的关系可以表示如下:

$$1 = 安全边际率 + 保本点作业率$$

$$= \frac{安全边际量(额)}{实际(或预计)销售量(额)} + \frac{保本点销售量(额)}{实际(或预计)销售量(额)}$$

安全边际与目标利润、销售利润率之间的关系为:

$$利润 = (安全销售量 - 保本点销售量) \times 单位贡献毛益$$
$$= 安全边际量 \times 单位贡献毛益$$
$$= 安全边际额 \times 贡献毛益率$$

$$销售利润率 = \frac{利润}{销售额} = \frac{安全边际额 \times 贡献毛益率}{销售额}$$
$$= 安全边际率 \times 贡献毛益率$$

三、利润分配

(一) 利润分配原则

企业的利润分配有广义的利润分配和狭义的利润分配两种。广义的利润分配是指对企业的收入和净利润进行分配的过程;狭义的利润分配则是指对企业净利润的分配。企业的利润分配应当遵循以下原则:

(1) 依法分配原则。

(2) 投资与收益对等原则。

(3) 资本保全原则。

(4) 分配与积累并重原则。

(5) 兼顾各方面利益原则。

(二) 利润分配的影响因素

利润分配政策的确定受到各方面因素的影响,是在种种制约因素下进行的。一般来说,应考虑的主要因素有:

1. 法律因素

法律约束是指为保护债权人和股东的利益,国家法律对企业的投资分红进行的硬性限制。这些限制主要体现在以下几个方面:①资本保全的约束。②资本积累的约束。③偿债能力的约束。④超额累积利润的约束。

2. 投资者因素

股东从自身需要出发,对公司的利润分配提出限制、稳定或提高股利分配率等不同意见,往往产生这样一些影响:①控制权的考虑。②稳定的收入和避税考虑。③规避风险考虑。

3. 公司因素

企业出于长期发展与短期经营考虑,需要综合考虑以下因素,并最终制定出切实可行的分配政策。这些因素主要有:①盈余的稳定性。②资产的流动性。③举债能力。④投资机会。⑤资本成本。⑥其他因素。

(三) 利润分配程序

利润分配是企业根据国家有关法律法规和企业章程的规定,对企业交纳所得税后的净利润进行分配的行为。

企业当期实现的净利润提取盈余公积金之后,加上年初未分配利润为可供分配的利润,可以直接进行利润分配。例如,以前年度为未弥补亏损,应当按以下顺序进行分配:

第一步,本年度利润总额首先弥补以前年度亏损(5年之内的亏损)。

根据《中华人民共和国企业所得税法》的有关规定:企业发生的年度亏损可以用下一年度的税前利润等弥补,下一年度利润不足弥补的可以在5年内延续弥补。5年内不足弥补的,改用企业的税后利润弥补,也可以用以前年度提取的盈余公积金弥补。企业以前年度亏损未弥补完,不得提取法定盈余公积金。在提取法定盈余公积金前,不得向投资者分配利润;

第二步,缴纳企业所得税。

第三步,用净利润再弥补以前年度亏损(5年之外的亏损)。

第四步,提取法定盈余公积金。

法定盈余公积金按照本年企业实现净利润(扣除5年之外的亏损)的一定比例提取,股份制企业按照10%的比例提取,其他企业可以根据需要确定提取比例,但至少应按10%提取。法定盈余公积金已达注册资本的50%时可不再提取。

第五步,提取任意盈余公积金。

经股东会或股东大会决议,企业还可以从税后利润中提取任意盈余公积金,其用途和法定公积金相同。

第六步,企业董事会制定利润分配预案,经股东大会决议批准后对外公布并支付普通股股利,包括分配给普通股股东的现金股利和股票股利。

剩余利润转作未分配利润,可在下期分配。

(四) 股利理论

在股利分配对公司价值的影响这一问题上,存在不同的观点,并形成了不同的股利理论。股利理论主要有两大流派:股利无关论和股利相关论。

1. 股利无关论

股利无关论认为公司的股利政策不会对公司价值(股票价格)产生影响。其代表人物是美国财务学家米勒(Miller)和莫迪格莱尼(Modigliani),因此该理论又称为MM理论。股利无关论是建立在"完美及完全的资本市场"这一严格假设基础上的。

2. 股利相关论

股利相关论认为,股利对于投资者非常重要,投资者一般期望企业多分配股利。支持股利重要的学术派别及其观点有:①股利重要论,又称为"在手之鸟"理论。②信号传递理论。③税收效应理论。④客户效应理论。

(五) 股利政策

股利政策是指企业在法律允许的范围内,由企业自主决定是否发放股利、发放股利的数量和发放股利的时间等一系列关于发放股利的问题。在进行股利分配的实务中,公司经常采用的股利政策有以下几种:

1. 剩余股利政策

该政策在公司有着良好的投资机会时,根据一定的目标资本结构(最佳资本结构),测算出投资所需的权益资本,先从盈余当中留用,然后将剩余的盈余作为股利分配。

2. 固定或持续增长股利政策

该政策是将每年发放的股利固定在某一固定的水平上并在较长的时期内保持不变,只有当公司认为未来盈余会显著地、不可逆转地增长时,才会提高年度的股利发放额。

3. 固定支付率股利政策

固定支付率股利政策,是公司确定一个股利占盈余的比率,长期按此比率支付股利的政策。

4. 低正常股利加额外股利政策

低正常股利加额外股利政策,是公司一般情况下每年只支付固定的、数额较低的股利。一般情况下,公司每期都按此金额支付正常股利,只有在盈余多的年份,再根据实际情况向股东发放额外股利。

企业股利分配政策的选择,如表7-2所示。

表7-2　　　　　　　　　企业股利分配政策的选择

企业发展阶段	特　点	适用的股利政策
初创阶段	经营风险高,有很强的投资需求但融资能力偏差	剩余股利政策
快速发展阶段	企业快速发展,需要大规模投资	低正常股利加额外股利政策
稳定增长阶段	企业业务稳定增长,市场竞争力增强,行业地位已经巩固,投资需求减少,净现金流入量稳步增长,每股收益呈上升态势	固定或持续增长的股利政策
成熟阶段	产品市场趋于饱和,企业盈利水平保持稳定,通常已积累了相当的盈余和资金	固定支付率股利政策
衰退阶段	企业业务逐渐减少,获利能力、现金获取能力和股利支付能力逐渐下降	剩余股利政策

(六) 股利支付形式

常见的股利支付形式有四种:

1. 现金股利

现金股利是股利支付的最常见的形式。企业采用现金股利形式时，必须具备两个基本条件：第一，企业要有足够的未指明用途的可分配利润；第二，企业要有足够的现金。

2. 股票股利

股票股利是指企业以增发股票的方式所支付的股利，我国股票市场将其称为"送股"。股票股利对企业来说，并没有现金流出企业，也不会导致企业的财产减少，而只是将企业的留存收益转化为股本。股票股利会增加流通在外的股票数量，同时降低股票的每股价值，它不会改变企业股东权益总额，但会改变股东权益的构成。

3. 财产股利

财产股利是指以企业拥有的货币资金以外的其他财产支付的股利。其他财产包括主要是企业将所拥有政府债券、其他企业的债券和其他企业的股票等有价证券。

财产股利可解决企业支付股利与现金不足的矛盾，而用于分派股利的有价证券流通性强易于变现，也能被大多数股东所接受。

4. 负债股利

负债股利是指以应付票据和应付债券等负债向股东发放的股利。负债股利适用于那些有盈利但现金不足的企业，但实际上企业只有在万不得已的情况下才会采用这种方式。

（七）股票分割和股票回购

1. 股票分割

股票分割是指将面额较高的股票分割成面额较低的股票的行为。股票分割时，发行在外的股票总数增加，使得每股面额降低和每股收益下降，但企业总的价值、股东权益总额和股东权益各项目金额及相互间的比例并不会改变，即资产负债表中所有者权益各项目（股本、资本公积和留存收益）的余额都保持不变。

2. 股票回购

股票回购是指股份公司出资将其发行流通在外的股票以一定价格购回予以注销或作为库存股的一种资本运作方式。公司不得随意收购本公司的股票，只有满足相关法律规定的情形才允许股票回购。股票回购的方式主要包括公开市场回购、要约回购和协议回购三种。

习　题

任务一　利润计算

一、判断题

1. 从分配方面看：息税前利润＝净利润＋所得税＋利息费用。（　　）
2. 利润总额预测的方法主要包括定性预测和定量预测两种方法。（　　）
3. 变动成本率高的企业，贡献毛益率也高，创利能力也大。（　　）
4. 上加法是根据有关基期的实际利润总额和过去若干期间平均利润增长幅度预测利润总额的一种方法。（　　）

5. 超过保本点以上的安全边际所提供的贡献毛益即为企业的利润。（ ）
6. 某企业的变动成本率为60%，安全边际率为40%，则其销售利润率为24%。
（ ）

二、单项选择题

1. 目标利润的（ ）主要依靠分析者过去的经验和掌握的科学知识进行判断、分析，推断事物的性质和发展趋势，作为预测未来的主要依据。
   A. 数量预测　　B. 科学预测　　C. 定性预测　　D. 定量预测
2. 如果变动成本率为40%，固定成本为240 000元，则保本点为（ ）元。
   A. 20 000　　B. 240 000　　C. 400 000　　D. 600 000
3. 下列比率关系中正确的是（ ）。
   A. 贡献毛益率＋安全边际率＝1　　B. 保本点作业率＋安全边际率＝1
   C. 变动成本率＋安全边际率＝1　　D. 贡献毛益率＋达到保本点的作业率＝1
4. 安全边际可表示为（ ）。
   A. 期望的销售收入－实际销售收入　　B. 销售收入－盈亏临界点销售额
   C. 保本销售额＋实际销售收入　　D. 销售收入＋固定成本
5. 某企业销售利润率为20%，贡献毛益率为50%，则该企业安全边际率为（ ）。
   A. 10%　　B. 25%　　C. 40%　　D. 无法计算

三、多项选择题

1. 确定企业目标利润常用的方法有（ ）。
   A. 高低点法
   B. 预计销售收入增长率和基期销售利润
   C. 上加法
   D. 本量利分析法
2. 如果企业欲降低某种产品的盈亏临界点销售量，在其他条件不变的情况下，可以采取的措施有（ ）。
   A. 增加产品销售数量　　B. 降低固定成本总额
   C. 提高产品销售单价　　D. 降低产品单位变动成本
3. 下列情况中，企业一定能够保本的有（ ）。
   A. 收支相等
   B. 固定成本与变动成本之和小于销售收入
   C. 贡献毛益率等于变动成本率
   D. 贡献毛益总额等于固定成本
4. 下列项目中，影响综合加权贡献毛益率的因素有（ ）。
   A. 综合的保本点销售额　　B. 各种产品的销售额占总销售额的比重
   C. 各种产品的贡献毛益率　　D. 固定成本总额

5. 某企业生产一种产品,单位变动成本为8元,单价为12元,固定成本为3 000元,销量为1 000件,欲实现目标利润2 000元,则可采取的措施有(　　)。

A. 固定成本降低到2 500元　　　　B. 单价提高到13元

C. 单位变动成本降至7元　　　　　D. 固定成本降至2 000元

四、业务题

1. 某公司只产销一种产品,其变动成本为369 000元,税前利润为45 000元,变动成本率为60%。

要求:

(1) 计算保本点销售额;

(2) 若下年度销售额增长20%,其他条件不变,计算可获得多少税前利润。

2. 公司生产A、B、C三种产品,其固定成本总额为18 000元,三种产品的有关资料如表7-3所示。

表7-3　　　　　　　　　　　　　　资料表

品种	销售单价/元	销售量/件	单位变动成本/元
A	900	40	720
B	2 000	80	1 800
C	1 000	20	600

要求:

(1) 计算该公司的综合保本点及各产品的保本销售量。

(2) 计算该公司税前利润。

3. 某公司生产一种产品甲,单价为30元,年销售量为30万件,变动成本率为70%,预计年固定成本为90万元。

要求:

(1) 计算产品的单位边际贡献。

(2) 计算该产品的盈亏临界点销售量。

(3) 计算产品的安全边际销售量和安全边际率。

(4) 假设明年目标利润为200万元,预测销售量。

五、思考题

1. 什么是目标利润?请说明目标利润的重要性。

2. 目标利润主要有哪些预测方法?

3. 什么是保本点、保利点和安全边际?它们之间有什么关系?

任务二　利润分配

一、判断题

1. 根据"无利不分"原则,当企业出现年度亏损时,不得分配利润。　　　　　　　　(　　)

2. 利润分配有广义和狭义之分，广义的利润分配是指对企业净利润的分配。（ ）

3. 企业发生的年度经营亏损，依法用以后年度实现的利润弥补。连续5年不足弥补的，用税后利润弥补，或者经企业董事会或经理办公室审议后，依次用企业盈余公积、资本公积弥补。（ ）

4. 企业预计将有一个投资机会，则选择低股利政策较好。（ ）

5. 处于成长中的公司多采取低股利政策，陷于经营收缩的公司多采取高股利政策。（ ）

6. 公司支付现金股利只要有足够的现金就可以。（ ）

7. 派发股票股利有可能会导致公司资产的流出或负债的增加。（ ）

8. 股票分割对公司的资本结构和股东权益不会产生任何影响，但会引起每股面值降低，并由此引起每股收益和每股市价下跌。（ ）

9. 在连续通货膨胀的条件下，公司应采取偏紧的股利政策。（ ）

10. 公司奉行剩余股利政策的目的是保持理想的资金结构；采用固定或持续增长的股利政策主要是为了维护股价；固定股利支付率政策将股利支付与公司当年经营业绩紧密相连，以缓解股利支付压力；而正常股利加额外股利政策则使公司在股利支付中较具灵活性。（ ）

二、单项选择题

1. （   ）要求企业在分配收益时必须按一定的比例和基数提取各种公积金。
   A. 资本保全约束   B. 资本积累约束
   C. 偿债能力约束   D. 超额累计利润约束

2. 法律对利润分配进行超额累积利润限制的主要目的是（   ）。
   A. 避免损害少数股东权益   B. 避免资本结构失调
   C. 避免股东避税   D. 避免经营者出现短期行为

3. 我国上市公司不得用于支付股利的权益资本是（   ）。
   A. 资本公积   B. 任意盈余公积
   C. 法定盈余公积   D. 上年未分配利润

4. 上市公司按照剩余股利政策发放股利的好处是（   ）。
   A. 有利于公司合理安排资本结构   B. 有利于投资者安排收入与支出
   C. 有利于公司稳定股票的市场价格 D. 有利于公司树立良好的形象

5. 以下股利政策中，有利于稳定股票价格，从而树立公司良好形象，但股利的支付与公司盈余相脱节的股利政策是（   ）。
   A. 剩余股利政策   B. 固定或持续增长的股利政策
   C. 固定股利支付率政策   D. 低正常股利加额外股利政策

6. 在下列股利分配政策中，能保持股利与收益之间一定的比例关系，并体现"多盈多分、少盈少分、无盈不分"原则的是（   ）。
   A. 剩余股利政策   B. 固定股利政策
   C. 固定股利支付率政策   D. 低正常股利加额外股利政策

7. 相对于其他股利政策而言,既可以维持股利的稳定性,又有利于优化结构的股利政策是（　　）。
   A. 剩余股利政策　　　　　　　　B. 固定股利政策
   C. 固定股利支付率政策　　　　　D. 低正常股利加额外股利政策
8. 股票股利的优点不包括（　　）。
   A. 可将现金留存公司用于追加投资　B. 股东乐于接受
   C. 扩大股东权益　　　　　　　　D. 传递公司未来经营效益的信号
9. 公司以股票形式发放股利,可能带来的结果是（　　）。
   A. 引起公司资产减少　　　　　　B. 引起公司负债减少
   C. 引起股东权益内部结构变化　　D. 引起股东权益与负债同时变化
10. 制定利润分配政策时,应该考虑的投资者的因素是（　　）。
   A. 未来投资机会　　　　　　　　B. 筹资成本
   C. 资产的流动性　　　　　　　　D. 控制权的稀释

三、多项选择题

1. 影响公司股利政策的因素主要有（　　）。
   A. 法律因素　　　B. 企业因素　　　C. 投资者因素　　　D. 其他因素
2. 影响收益分配政策的公司因素有（　　）。
   A. 公司举债能力　　　　　　　　B. 未来投资机会
   C. 资产流动情况　　　　　　　　D. 筹资成本
3. 股利无关论是建立在"完美且完全的资本市场"的假设条件之上的,这一假设包括（　　）。
   A. 完善的竞争假设　　　　　　　B. 信息完备假设
   C. 存在交易成本假设　　　　　　D. 公司的投资决策与股利决策彼此独立
4. 支付现金股利的企业必须具备的两个条件是（　　）。
   A. 企业要有足够的现金
   B. 企业要有足够的净利润
   C. 企业要有足够的留存收益
   D. 企业要有足够的未指明用途的留存收益
5. 发放股票股利不会产生的影响有（　　）。
   A. 引起资产流出　　　　　　　　B. 引起股东权益内部结构变化
   C. 引起股东权益总额变化　　　　D. 引起每股利润下降
6. 股票回购的动机包括（　　）。
   A. 改善企业资金结构　　　　　　B. 满足认股权的行使
   C. 分配超额现金　　　　　　　　D. 清除小股东
7. 采用低正常股利加额外股利政策的理由包括（　　）。
   A. 有利于保持最优资本结构

B. 使公司具有较大的灵活性

C. 保持理想的资本结构,使综合成本最低

D. 使依靠股利度日的股东有比较稳定的收入,从而吸引住这部分股东

8. 公司的经营需要对股利分配常常会产生影响,下列叙述正确的有(　　)。

A. 为保持一定的资产流动性,公司不愿支付过多的现金股利

B. 保留盈余因无须筹资费用,故从资金成本考虑,公司保留盈余少时也要采用低股利政策

C. 成长型公司多采取高股利政策,处于收缩期的公司多采用低股利政策

D. 举债能力强的公司有能力及时筹措到所需资金,可能采取较宽松的股利政策

四、业务题

1. 某公司2018年税后净利为900万元,2019年税后盈余降为750万元,目前公司发行在外普通股为120万股。该公司计划投资600万元设立新厂,其中50%将来自举债,50%来自权益资金。此外,该公司去年每股股利为3元。

要求:

(1) 若该公司采用固定股利支付率政策,计算2019年应支付每股多少股利。

(2) 若依剩余股利政策,计算2019年应支付每股多少股利。

2. 某公司上年实现净利润200万元,分配的股利为120万元。本年实现的净利润为300万元,年初未分配利润为600万元,年末公司讨论决定股利分配的数额。

要求:计算并回答下列互不关联的问题:

(1) 预计明年需要增加投资资本300万元,公司的目标资本结构为:权益资本占55%,债务资本占45%。若采用剩余股利政策,公司本年应发放多少股利?

(2) 公司采用固定或持续增长股利政策,公司本年应发放多少股利?

(3) 公司采用固定支付率股利政策,公司本年应发放多少股利?

(4) 公司采用低正常股利加额外股利政策,规定每股股利最低为0.1元,按净利润超过最低股利部分的30%发放额外股利,该公司普通股股数为500万股,公司本年应发放多少股利?

3. 某公司资产负债表(部分)如表7-4所示,已知该公司普通股的现行市价为20元。

表7-4　　　　　　　　　　资产负债表(部分)　　　　　　　　　　单位:元

负债	1 800 000
股东权益:	
股本(20万股,面值2元)	400 000
资本公积(股票溢价)	400 000
留存收益	900 000
股东权益合计	1 700 000
资产合计	3 500 000

要求:请分别针对以下两种情形重新计算资产负债表的负债与股东权益部分项目金额。

(1) 公司以每 10 股送 1.5 股的比例按市价发放股票股利。

(2) 公司按照 1 股分割为 2 股进行拆股。

五、思考题

1. 简述利润分配的原则和影响因素。
2. 说明利润分配的顺序。
3. 股利政策有哪几种?各自的优缺点是什么?
4. 股利的支付方式有哪些?
5. 什么是股票股利和股票分割?分别对公司有什么影响?

项目实训　年度利润分配方案的制订

一、任务目标

加深对年终利润综合分配方案的理解,提高对年终利润综合分配方案制订的操作能力。

二、任务描述

假设股票每股市价与每股账面价值成正比例关系,计算确定利润分配后的未分配利润、盈余公积、资本公积、流通股数与预计每股市价。

三、操作准备

(1) 学生分组。学生以 6~8 人为一组,选定正副组长负责组内工作。

(2) 熟悉方案。由组长负责,组织小组人员对提供的方案进行研讨,明确任务目标。

(3) 制订工作计划书。每个小组制订一份工作计划书,工作计划书根据工作内容,由小组学生讨论制订,并经指导老师审阅批准后实施。

四、操作流程

(1) 各小组对盈余公积的计算评价和任务工单进行全面了解。

(2) 各小组讨论制订年终利润分配方案的计算评价工作计划书。

(3) 指导老师审阅各小组制订的年终利润分配方案的计算评价工作计划书,并签批。

(4) 各小组根据任务目标和任务工单进行计算、评价。

(5) 各小组撰写利润分配方案的分析评价报告。

(6) 各小组汇报、交流。

五、实训材料

丽景公司年终利润分配前的有关资料如表 7-5 所示。

表 7-5　　　　　　　　　丽景公司年终利润分配前的有关资料

项　　目	金　　额
上年未分配利润/万元	2 000
本年税后利润/万元	4 000
股本(1 000万股,每股面值1元)/万元	1 000
资本公积/万元	200
盈余公积/万元	800
所有者权益合计/万元	8 000
每股市价/元	50

该公司决定,本年按规定比例 15% 提取盈余公积,发放股票股利 20%(股东每持 10 股可得 2 股),并且按发放股票股利后的股数派发现金股利,每股 1 元。请你作出利润分配的具体方案。

六、完成任务

(1) 编制利润分配方案计算评价工作计划书,如表 7-6 所示。

表 7-6　　　　　　　　　利润分配方案计算评价工作计划书

计算评价的主要内容	实施时间	实施形式	主要负责人

其他:

学习小组组长:　　　　　　学习小组成员:

年　月　日

指导老师审阅意见:

签名:

年　月　日

（2）编制利润分配方案的计算评价报告，如表7-7所示。

表7-7　　　　　　　　　利润分配方案的计算评价报告

一、计算应提取的盈余公积和盈余公积的余额

二、计算普通股股数

三、计算股票股利、股本余额和资本公积余额

四、计算现金股利和未分配利润余额

五、计算分配前每股市价与账面价值的比值、分配后每股账面价值和预计分配后每股市价

六、综合分析、决策

学习小组成员签字：

七、讨论评价

（1）各小组相互汇报、交流，时间不超过10分钟。

（2）各小组听取汇报、交流并打分互评。

（3）指导老师打分并点评。

项目八 财务预算

学 习 指 导

一、财务预算的概念与地位

财务预算是一系列专门反映企业未来一定预算期内预计财务状况和经营成果,以及现金收支等价值指标的各种预算的总称。财务预算主要包括现金预算、预计利润表和预计资产负债表。

财务预算是企业全面预算的重要组成部分,是企业全面预算体系中的最后环节。各种业务预算和特种决策预算,最终大多可以综合反映在财务预算中,因此,财务预算在全面预算体系中占有举足轻重的地位。

二、财务预算的功能与作用(表 8-1)

表 8-1 财务预算的功能与作用

财务预算的功能	财务预算的作用
1. 规划功能	1. 明确工作目标
2. 沟通和协调功能	2. 协调各部门之间的关系
3. 资源分配功能	3. 控制各部门日常活动
4. 营运控制功能	4. 考核各部门工作业绩
5. 绩效评估功能	

三、财务预算编制的程序

(1)下达目标:董事会在预测、决策的基础上,提出财务预算目标,由财务预算委员会下达各预算执行单位。

（2）编制上报：各预算执行单位按照财务预算目标，结合自身特点提出本单位财务预算方案，上报财务管理部门。

（3）审查平衡：财务管理部门对各预算执行单位上报的财务预算方案进行审查、汇总，提出综合平衡的建议，由有关预算执行单位予以修正。

（4）审议批准：财务管理部门在有关预算执行单位修正调整的基础上，编制出企业财务预算方案，报财务预算委员会讨论。在讨论、调整的基础上，企业财务管理部门正式编制企业年度财务预算草案，提交董事会审议批准。

（5）下达执行：财务管理部门对董事会审议批准的年度总预算进行分解，由财务预算委员会逐级下达各预算执行单位执行。

财务预算编制的程序如图 8-1 所示。

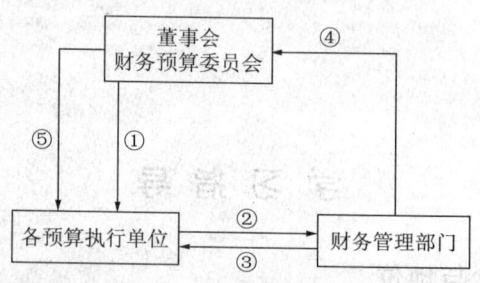

图 8-1　财务预算编制程序示意图

四、财务预算编制的步骤

财务预算编制的步骤如图 8-2 所示。

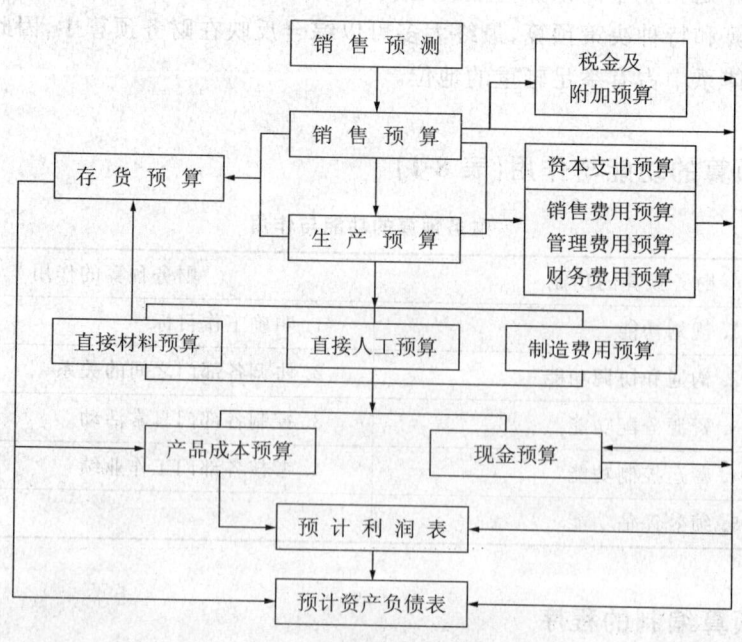

图 8-2　财务预算编制步骤示意图

五、财务预算编制的方法

(一) 固定预算与弹性预算(表 8-2)

表 8-2　　　　　　　　　　　固定预算与弹性预算

比较	固定预算	弹性预算
特征	业务量固定在某一预计水平上	分别按一系列可能达到的预计业务量水平编制能适应多种情况的预算
优点	工作量小	适应面宽、具有弹性
缺点	不便于预算的控制与考核	工作量大
适用范围	固定费用和数额比较稳定的预算项目	与业务量有关的成本(费用)、利润等预算项目

(二) 增量预算与零基预算(表 8-3)

表 8-3　　　　　　　　　　　增量预算与零基预算

比较	增量预算	零基预算
特征	以基期成本费用水平为基础	以零为基点
优点	工作量小	不受现有费用开支水平限制、能挖掘内在潜力
缺点	使现有费用开支水平合理化	工作量大、代价较高
适用范围	预算编制基础变化不大的预算项目	不经常发生的或者预算编制基础变化较大的预算项目

(三) 定期预算与滚动预算(表 8-4)

表 8-4　　　　　　　　　　　定期预算与滚动预算

比较	定期预算	滚动预算
特征	以不变的会计期间(如日历年度)作为预算期	将预算期与会计年度脱离、逐期向后滚动
优点	使预算期间与会计年度相一致,便于考核和评价预算的执行结果	预算比较精确、连续性好
缺点	预算的连续性差、视野局限于预算期间	工作量大
适用范围	一般适用于年度预算的编制	一般适用于季度预算的编制

六、财务预算的编制

企业编制财务预算应当按照先业务预算、资本支出预算,后财务预算的流程进行,并按照各预算执行单位所承担经济业务的类型及其责任权限,编制不同形式的财务预算。

(一) 业务预算的编制

业务预算是反映企业日常经营活动业务的各种预算。主要包括销售预算、生产预算、直接材料预算和直接人工预算、制造费用预算、产品成本预算、采购预算、期间费用预算等,企业应根据实际情况具体编制。

(1) 销售预算,是指为规划预算期内组织销售活动引起的预计销售收入而编制的一种日常业务预算。主要依据年度目标利润、预测的市场销量以及市场价格编制。

(2) 生产预算,是指为规划预算期内预计生产量水平而编制的一种日常业务预算。主要是在销售预算的基础上,依据各种产品的生产能力和期末存货状况编制。

(3) 直接材料预算,是指为规划预算期内因组织生产活动和材料采购活动预计发生的直接材料需用量、采购数量和采购成本而编制的一种日常业务预算。直接人工预算是指为规划预算期内人工工时的消耗水平和人工成本水平而编制的一种日常业务预算。主要是在生产预算的基础上,依据各种产品的产量、各项材料及人工的消耗定额及其物价水平编制。

(4) 制造费用预算,是指为规划预算期内除直接材料和直接人工预算以外预计发生的其他生产费用水平而编制的一种日常业务预算。主要在生产预算基础上,按照费用项目及其上年预算执行情况,根据预算期降低成本、费用的要求编制。

(5) 产品成本预算,是为规划预算期内各种产品的单位产品成本、生产成本、销售成本等内容而编制的一种日常业务预算。主要依据生产预算、直接材料预算、直接人工预算、制造费用预算等汇总编制。

(6) 采购预算,是指为规划预算期内为保证生产或者经营的需要而从外部购买各类商品、各项材料、低值易耗品等存货水平而编制的一种日常业务预算。主要根据销售预算、生产预算、期初存货情况和期末存货情况编制。

(7) 期间费用预算,是指为规划预算期内组织经营活动必要的管理费用、财务费用、销售费用水平而编制的一种日常业务预算。应当区分变动费用与固定费用、可控费用与不可控费用,根据上年实际费用水平和预算期内的变化因素,结合费用开支标准和企业降低成本、费用的要求,分项目、分责任单位进行编制。

(二) 资本支出预算的编制

资本支出预算通常是指与项目投资决策有关的投资决策预算。应当根据企业有关投资决策资料和年度固定资产投资计划编制。

(三) 财务预算的编制

财务预算主要有现金预算、预计利润表和预计资产负债表等。

(1) 现金预算,是按照现金流量表主要项目内容编制的反映企业预算期内一切现金收支及其结果的预算。它以业务预算、资本支出预算为基础,是其他预算有关现金收支的汇总,主要作为企业资金调控管理的依据。

(2) 预计利润表,是按照利润表的内容和格式编制的以货币形式全面综合地反映企业预算期内预计经营成果的一种财务预算。一般根据销售预算、生产预算、产品成本预算、期间费用预算等有关资料分析编制。

（3）预计资产负债表，是按照资产负债表的内容和格式编制的以货币形式总括反映企业预算期末财务状况的一种财务预算。一般根据基期资产负债表和预算期销售预算、生产预算、采购预算、资本支出预算等有关资料分析编制。

习 题

任务一 财务预算方法

一、判断题

1. 财务预算是总预算的最后环节。（ ）
2. 定基预算编制方法一般只适用于数额比较稳定的预算项目。（ ）
3. 预算必须与企业的战略目标保持一致。（ ）
4. 财务部门编制出了对自己来说最好的计划，该计划对其他部门来说，肯定也能行得通。（ ）
5. 滚动预算能够使预算期间与会计年度相配合。（ ）
6. 预算是企业在预测、决策的基础上，以数量的形式反映的企业一定时期内经营、投资、财务等活动的具体计划。（ ）

二、单项选择题

1. 相对固定预算而言，弹性预算（   ）。
   A. 预算成本低　　　　　　　　B. 预算工作量小
   C. 预算可比性差　　　　　　　D. 预算范围宽
2. 根据全面预算体系的分类，下列预算中，属于财务预算的是（   ）。
   A. 销售预算　　　　　　　　　B. 现金预算
   C. 直接材料预算　　　　　　　D. 直接人工预算
3. 定期预算编制方法的缺点是（   ）。
   A. 缺乏长远打算，导致短期行为　B. 工作量大
   C. 使不必要的开支合理化　　　　D. 可比性差
4. 关于弹性预算方法，下列说法中不正确的是（   ）。
   A. 可比性差
   B. 克服了固定预算方法的缺点
   C. 弹性预算一般适用于与预算执行单位业务量有关的成本（费用）、利润等预算项目
   D. 编制弹性成本预算要进行成本性态分析
5. 既是编制全面预算的起点，又是编制其他业务预算的基础的是（   ）。
   A. 生产预算　　　　　　　　　B. 销售预算
   C. 材料采购预算　　　　　　　D. 现金预算

三、多项选择题

1. 下列关于财务预算的说法中正确的有（　　）。
   A. 财务预算是财务预测的依据
   B. 财务预算能使决策目标具体化、系统化、定量化
   C. 财务预算可以从价值方面总括反映经营决策预算和业务预算的结果
   D. 财务预算是企业全面预算体系中的最后环节，也称总预算

2. 预算的作用主要表现在以下（　　）方面。
   A. 通过引导和控制经济活动，使企业经营达到预期目标。
   B. 可以实现企业内部各个部门之间的协调。
   C. 可以降低企业的经营风险。
   D. 可以作为业绩考核的标准。

3. 下列可以作为弹性预算所依据的业务量的是（　　）。
   A. 产量　　　　　　B. 销售量　　　　　C. 直接人工工时　　D. 材料消耗量

4. 定基预算的编制方法的优点包括（　　）。
   A. 能够使预算期间与会计期间相对应，便于将实际数与预算数进行对比
   B. 有利于对预算执行情况进行分析和评价
   C. 有利于管理人员对预算资料作经常性的分析研究
   D. 能根据当时预算的执行情况加以调整

5. 企业编制预算，一般应按照（　　）程序进行。
   A. 上下结合　　　B. 分级编制　　　C. 逐级汇总　　　D. 逐级上报

四、思考题

1. 如何理解"财务预算是企业全面预算的一个重要组成部分"的说法？
2. 财务预算具有哪些功能和作用？
3. 企业编制财务预算常用的财务预算方法是什么？

任务二　财务预算编制

一、判断题

1. 单位生产成本预算通常反映各产品单位生产成本，有时还要反映年初年末存货水平。（　　）
2. 在财务预算的编制过程中，编制预计财务报表的正确程序是：先编制预计资产负债表，然后再编制预计利润表。（　　）
3. 编制生产预算时，关键是正确地确定预计销售量。（　　）
4. 在编制现金预算时，直接人工产生的现金流出就是发生的直接人工费用数额。（　　）
5. 编制现金预算需要以日常业务预算和财务预算为依据。（　　）
6. 预计资产负债表是指用于总括反映企业预算期末财务状况的一种财务预算。（　　）

7. 预计资产负债表是以货币形式综合反映预算期内企业经营活动成果计划水平的一种财务预算。（　　）

二、单项选择题

1. 下列属于特种决策预算的是（　　）。
   A. 材料采购预算　　　　　　　B. 直接材料消耗预算
   C. 产品生产成本预算　　　　　D. 资本支出预算

2. 在下列各项中，能够同时以实物量指标和价值量指标分别反映企业经营活动的预算是（　　）。
   A. 现金预算　　　　　　　　　B. 销售预算
   C. 生产预算　　　　　　　　　D. 产品成本预算

3. 下列预算中，不是在生产预算的基础上编制的是（　　）。
   A. 材料采购预算　　　　　　　B. 直接人工预算
   C. 产品成本预算　　　　　　　D. 管理费用预算

4. 下列预算中，只使用实物量作为计量单位的是（　　）。
   A. 现金预算　　　　　　　　　B. 预计资产负债表
   C. 生产预算　　　　　　　　　D. 销售预算

5. 下列各项中，没有直接在现金预算中得到反映的是（　　）。
   A. 期初期末现金余额　　　　　B. 现金筹措及运用
   C. 预算期产量和销量　　　　　D. 预算期现金余缺

三、多项选择题

1. 下列属于编制预计利润表的依据的有（　　）。
   A. 销售收入预算表　　　　　　B. 销售成本预算表
   C. 现金预算表　　　　　　　　D. 预计资产负债表

2. 在编制现金预算的过程中，可作为其编制依据的有（　　）。
   A. 各种业务预算　　　　　　　B. 预计利润表
   C. 预计资产负债表　　　　　　D. 特种决策预算

3. 在下列各项中，属于业务预算的有（　　）。
   A. 销售预算　　　　　　　　　B. 现金预算
   C. 生产预算　　　　　　　　　D. 管理费用预算

4. 下列各项中，可能会列示在现金预算表中的有（　　）。
   A. 直接材料采购　　　　　　　B. 制造费用
   C. 资本性现金支出　　　　　　D. 经营性现金支出

5. 在编制生产预算时，计算某种产品预计生产量应考虑的因素包括（　　）。
   A. 预计材料采购量　　　　　　B. 预计产品销售量
   C. 预计期初产品结存量　　　　D. 预计期末产品结存量

四、业务题

1. 某企业生产和销售 A 种产品，计划期 2020 年四个季度预计销售数量分别为 1 000 件、1 500 件、2 000 件和 1 800 件；A 种产品预计单位售价为 100 元。假设每季度销售收入中，本季度收到现金 60%，另外 40% 要到下季度收回，上年末应收账款余额为 62 000 元。

要求：
(1) 编制 2020 年销售预算。
(2) 确定 2020 年末应收账款余额。

2. 某公司 2019 年 12 月份的销售额和 2020 年 1—2 月份的预计销售额分别为 150 万元、100 万元、200 万元。其他有关资料如下：

(1) 当月销售收入中当月收现 60%，其余部分下月收回。
(2) 材料采购成本为下月销售额的 80%，当月采购金额中当月付现 70%，支付其余的 30%。
(3) 假设每月末现金余额越低越好，但不得低于 3 万元，现金余缺通过银行借款来调整。
(4) 借款年利率为 12%，借款或还款的本金必须是 5 000 元的整倍数，利随本清，借款在期初，还款在期末。

要求：
(1) 计算确定 2020 年 1 月份销售现金流入量和购买材料的现金流出量。
(2) 计算确定 2020 年 1 月 31 日资产负债表中"应收账款"和"应付账款"项目金额。
(3) 假设 2020 年 1 月份预计的现金收支差额为 −12.32 万元，计算确定 1 月末的现金余额。
(4) 假设 2020 年 2 月份预计的现金收支差额为 7.598 万元，计算确定 2 月末的现金余额。

3. 某企业预计下月初现金余额为 8 000 万元，下月初应收账款为 4 000 万元，预计下月可收回 80%；下月销货 50 000 万元，当期收到现金 50%；采购商品 8 000 万元，购货金额当期付款 70%；月初应付账款余额为 5 000 万元，需在月内全部付清，下月工资支付现金 8 400 万元；间接费用为 5 000 万元，其中折旧费为 4 000 万元；预交所得税为 900 万元；支付流转税 7 850 万元，购买设备支付现金 20 000 万元。现金不足时，向银行借款，借款金额为 100 万元的倍数。现金余额最低为 300 万元。

要求：
(1) 计算下月末预算现金余额。
(2) 假设公司没有其他收益，销售毛利率为 40%，税金及附加预计为 2 800 万元，所得税税率为 25%，预计该企业下月的税后净利润。
(3) 预计公司下月末的应收账款和应付账款。

五、思考题

1. 企业编制财务预算按什么样的步骤实施？
2. 企业编制销售预算的具体程序包括哪些？
3. 企业编制现金预算需要依据哪些业务预算？
4. 企业编制利润预算需要依据哪些业务预算？

项目实训　财务预算编制

一、任务目标

（1）编制销售预算。
（2）编制生产预算。
（3）编制直接材料预算。
（4）编制直接人工预算。
（5）编制制造费用预算。
（6）编制生产成本预算。
（7）编制销售与管理费用预算。
（8）编制现金预算。
（9）编制预计利润表。
（10）编制预计资产负债表。

二、任务描述

本田东方公司董事会决定，2020年度财务预算由公司预算委员会及所属各预算小组编制，经预算委员会审核平衡后报公司董事会审定。公司预算委员会接到任务后，立即召集各预算小组研究、预测和编制，各小组完成预算编制后，经预算委员会审核平衡，报公司董事会。

三、操作准备

（1）学生分组。学生以6~8人为一组，选定正副组长为预算委员会正副主任。
（2）学生分工。预算委员会正副主任将组内学生按预算项目和要求合理分工。
（3）制订工作计划书。每个小组制订一份工作计划书，工作计划书根据工作内容，由小组学生讨论制订，并经指导老师审阅批准后实施。

四、操作流程

（1）各小组学习任务目标和任务描述，研究任务工单和应完成的任务。
（2）各小组讨论制订本田东方公司预算委员会工作计划书。
（3）指导老师审阅各小组制订的本田东方公司预算委员会工作计划书，并签批。
（4）各小组编制、审核和平衡本田东方公司的财务预算。

(5) 各小组撰写本田东方公司的财务预算报告报公司董事会。

五、实训材料

(一) 本田东方公司 2019 年度预算编制的基本数据

本田东方公司主要产品的单位售价为 6 800 元/吨,预计全年产销量为 20 000 吨,根据市场情况和公司生产经营实际,预计各季度的产销量分别为 4 000 吨、5 000 吨、5 000 吨和 6 000 吨,产品和用料比为 1∶1.6,每吨材料单价为 1 500 元/吨,单位产品工时定额为 150 小时,工资率标准为 10 元/工时,变动制造费用分配率为 3 元/工时,单位销售及管理费用为 60 元/工时,计划全年固定制造费用总额为 200 万元,其中固定资产折旧为 100 万元,全年固定销售及管理费用预计为 100 万元。另外:

(1) 2019 年初本田东方公司应收账款为 1 250 万元,2019 年各季度的销售款当季收回 60%,下季收回 40%。

(2) 预计本田东方公司每季季末保留下季销售量 10% 的存货,年初存货为 400 吨,预计年末存货为 500 吨。

(3) 本田东方公司每季末材料库存按下季生产用料的 20% 计算,2019 年初材料库存为 600 吨,预计年末库存为 500 吨。

(4) 2019 年初本田东方公司应付账款余额为 500 万元,材料采购款当季度支付 50%,下季度支付 50%。

(5) 本田东方公司最低要求的现金余额为 100 万元,年初的现金余额为 125 万元,每季预交所得税为 150 万元,预计在第二季度购置价值 900 万元的设备一台,第四季度支付股利 2 000 万元。公司现金不足时向银行申请短期借款,多余时偿还银行本息,银行短期借款利率为 5%。

(6) 为简化起见,假设本田东方公司免征各项流通税。

(二) 本田东方公司 2018 年资产负债表(表 8-5)

表 8-5   2018 年资产负债表   金额:万元

资 产	金 额	负债及所有者权益	金 额
货币资金	125	应付账款	500
交易性金融资产	0	短期借款	2 000
应收账款	1 250	负债小计	2 500
原材料	90	普通股股本	18 000
产成品	174	留存收益	6 139
流动资产小计	1 639	所有者权益小计	24 139
固定资产	32 500		
减:累计折旧	7 500		
固定资产净值	25 000		
资产合计	26 639	负债及所有者权益合计	26 639

六、完成任务

（一）财务预算编制工作计划书（表8-6）

表8-6　　　　　　　本田东方公司预算委员会预算编制工作计划书

主要内容	实施时间	实施形式	主要负责人
研究预算编制的内容、要求与分工			
编制销售预算			
编制生产预算			
编制直接材料预算			
编制直接人工预算			
编制制造费用预算			
编制生产成本预算			
编制销售与管理费用预算			
编制现金预算			
编制预计利润表			
编制预算资产负债表			
撰写本田东方公司的财务预算报告报公司董事会			

学习小组组长：
学习小组成员：

　　　　　　　　　　　　　　　　　　　　　年　月　日

指导老师审阅意见：

　　　　　　　　　　　　　　　签　名：
　　　　　　　　　　　　　　　　　　　年　月　日

（二）编制销售预算（表8-7）

表8-7　　　　　　　　2019年本田东方公司销售预算　　　　　　　单位：万元

项　目		第一季度	第二季度	第三季度	第四季度	全年合计
预计销售量/吨						
销售单价/元						
预计销售收入						
预计现金收入	年初应收账款					
	第一季度销售收入					
	第二季度销售收入					
	第三季度销售收入					
	第四季度销售收入					
	现金收入合计					

学习小组成员签字：_____

(三)编制生产预算(表 8-8)

表 8-8　　　　　　　　　　2019 年本田东方公司生产预算

项　目	第一季度	第二季度	第三季度	第四季度	全年合计
预计销售量/吨					
加:预计期末存货量/吨					
减:期初存货量/吨					
预计生产量/吨					

学习小组成员签字:_____

(四)编制直接材料预算(表 8-9)

表 8-9　　　　　　　　　2019 年本田东方公司直接材料预算　　　　　　　　单位:万元

项　目		第一季度	第二季度	第三季度	第四季度	全年合计
预计生产量/吨						
单位产品材料用量/吨						
生产需要用总量/吨						
加:预计期末存货/吨						
减:预计期初存货/吨						
预计采购量/吨						
材料单价/元						
预计采购额						
预计现金支出	年初应付账款					
	第一季度采购额					
	第二季度采购额					
	第三季度采购额					
	第四季度采购额					
	现金支出合计					

学习小组成员签字:_____

(五)编制直接人工预算(表 8-10)

表 8-10　　　　　　　　　2019 年本田东方公司直接人工预算　　　　　　　　单位:万元

项　目	第一季度	第二季度	第三季度	第四季度	全年合计
预计生产量/吨					
单位产品工时定额/小时					
直接人工总工时/小时					
单位工时工资率					
预计的直接人工成本					

学习小组成员签字:_____

（六）编制制造费用预算（表 8-11）

表 8-11　　　　　　　　2019 年本田东方公司制造费用预算　　　　　　　　单位：万元

项目	第一季度	第二季度	第三季度	第四季度	全年合计
预计生产量/吨					
单位产品工时定额/小时					
预计生产量工时总额					
变动制造费用分配率					
变动制造费用					
固定制造费用					
其中：折旧					
需付现的制造费用					

学习小组成员签字：_____

（七）编制生产成本预算（表 8-12）

表 8-12　　　　　　　　2019 年本田东方公司产品成本及期末存货预算　　　　　　　　单位：万元

项目	单位成本			生产成本（　吨）	期末存货成本（　吨）
	标准分配率	标准耗用量	成本/元		
直接材料					
直接人工					
变动制造费用					
固定制造费用					
合　计					

学习小组成员签字：_____

（八）编制销售与管理费用预算（表 8-13）

表 8-13　　　　　　　　2019 年本田东方公司销售及管理费用预算　　　　　　　　单位：万元

项目	第一季度	第二季度	第三季度	第四季度	全年合计
预计销售量/吨					
单位变动销售及管理费用					
变动销售及管理费用小计					
固定销售及管理费用					
合　计					

学习小组成员签字：_____

(九)编制现金预算(表8-14)

表8-14　　　　　2019年本田东方公司现金预算　　　　　单位:万元

项目	第一季度	第二季度	第三季度	第四季度	全年合计
期初现金余额					
销售现金收入					
可供使用的现金					
直接材料采购支出					
直接工资支出					
制造费用支出					
销售及管理费用					
应交所得税					
购置固定资产					
支付股利					
支出合计					
现金多余或不足					
向银行贷款					
归还银行贷款					
支付贷款利息					
期末现金余额					

学习小组成员签字:

(十)编制预计利润表(表8-15)

表8-15　　　　　2019年本田东方公司预计利润表　　　　　单位:万元

项目	金额/元	数据来源
销售收入		
减:销售成本		
销售毛利		
减:销售及管理费用		
利息		
利润总额		
减:所得税		
净利润		

学习小组成员签字:

(十一) 编制预计资产负债表(表8-16)

表8-16　　　　　　　　2019年本田东方公司预计资产负债表　　　　　　　　单位：万元

资产	期初数	期末数	负债及所有者权益	期初数	期末数
货币资金			应付账款		
交易性金融资产			短期借款		
应收账款			应交所得税		
原材料			负债小计		
产成品			普通股股本		
流动资产小计			留存收益		
固定资产			所有者权益小计		
减：累计折旧					
固定资产净值					
资产合计			负债及所有者权益合计		

(十二) 编制预算报告(表8-17)

表8-17　　　　　　　　2019年本田东方公司预算报告

一、2019年预计生产经营概况

二、2019年预计利润和资产情况

三、2019年预计现金情况

四、2019年预算的建议

学习小组成员签字：

七、讨论评价

(1) 各小组用PPT汇报交流，时间不超过10分钟。

(2) 各小组听取汇报、交流，并打分互评。

(3) 指导老师打分并点评。

项目九 财务控制

学 习 指 导

一、财务控制的特征与功能

控制是指对客观事物进行约束和调节,使之按照设定的目标和轨迹运行的过程。财务控制是指按照一定的程序和方法,确保企业及其内部机构和人员全面落实及实现财务预算的过程。财务控制的特征与功能如图 9-1 所示。

```
                    ┌ 以价值控制为手段
        财务控制的特征┤ 以综合经济业务为控制对象
财务控制┤           └ 以现金流量控制为日常控制的内容
        │           ┌ 财务管理循环的关键环节
        财务控制的功能┤ 落实企业财务预测与决策职能
                    └ 在企业经营控制系统中具有保证、促进、监督和协调等重要功能
```

图 9-1 财务控制的特征与功能

二、财务控制的基本原则

(1) 目的性原则。
(2) 充分性原则。
(3) 及时性原则。
(4) 认同性原则。
(5) 经济性原则。
(6) 客观性原则。
(7) 灵活性原则。
(8) 适应性原则。

(9) 协调性原则。
(10) 简明性原则。

三、财务控制的种类(表 9-1)

表 9-1　　　　　　　　　　　财务控制的种类

分类依据	财务控制的种类
按财务控制的内容	一般控制
	应用控制
按财务控制的功能	预防性控制
	侦查性控制
	指导性控制
	补偿性控制
按财务控制的时序	事前控制
	事中控制
	事后控制
按财务控制的主体	出资者财务控制
	经营者财务控制
	财务部门的财务控制
按财务控制的依据	预算控制
	制度控制
按财务控制的对象	收支控制
	现金控制(货币资金控制)
按财务控制的手段	定额控制
	定率控制

四、财务控制的要素与方式

(一) 财务控制的要素

财务控制是企业内部控制和风险管理的一个重要方面，依据内部控制和风险管理的基本原理，可将财务控制的基本要素划分为控制环境、目标设定、事件识别、风险评估、风险应对、控制活动、信息和沟通以及监控八个部分(图 9-2)。

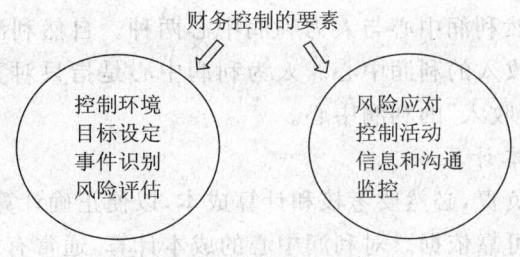

图 9-2　财务控制的要素

（二）财务控制的方式（图9-3）

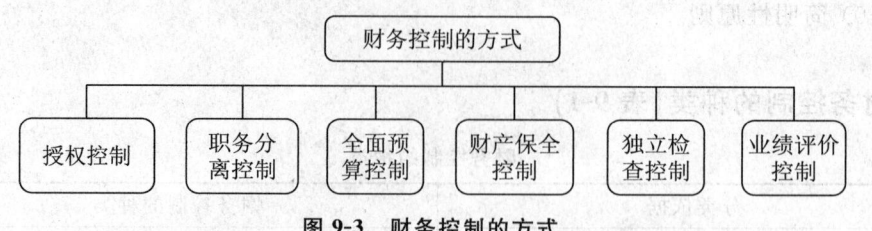

图9-3 财务控制的方式

五、建立责任中心并设立考核指标

（一）建立成本中心并设立考核指标

1. 成本中心的含义

成本中心是指对成本或费用承担责任的责任中心。它不会形成可以用货币计量的收入，因而不对收入、利润或投资负责。成本中心一般包括负责产品生产的生产部门、劳务提供部门以及给予一定费用指标的管理部门。

2. 成本中心的类型

成本中心分为技术性成本中心和酌量性成本中心。

3. 成本中心的特点

（1）成本中心只考评成本费用而不考评收益。

（2）成本中心只对可控成本承担责任。

（3）成本中心只对责任成本进行考核和控制。

4. 成本中心的考核指标

成本中心的考核指标主要采用相对指标和比较指标，包括成本（费用）变动额和变动率两个指标，其计算公式为：

$$成本（费用）变动额 = 实际责任成本（费用） - 预算责任成本（费用）$$

$$成本（费用）变动率 = \frac{成本（费用）变动额}{预算责任成本（费用）} \times 100\%$$

（二）建立利润中心并设立考核指标

1. 利润中心的含义

利润中心是指对利润负责的责任中心。由于利润是收入扣除成本费用之差，利润中心还要对成本和收入负责。这类责任中心一般是指有产品或劳务生产经营决策权的企业内部部门。

2. 利润中心的类型

利润中心分为自然利润中心与人为利润中心两种。自然利润中心是指可以直接对外销售产品并取得收入的利润中心。人为利润中心是指只对责任单位提供产品或劳务而取得"内部销售收入"的利润中心。

3. 利润中心的成本计算

利润中心对利润负责，必然要考核和计算成本，以便正确计算利润，作为对利润中心业绩评价与考核的可靠依据。对利润中心的成本计算，通常有两种方式可供选择：

(1) 利润中心只计算可控成本，不分担不可控成本，亦即不分摊共同成本。采用这种成本计算方式的"利润中心"，实质上已不是完整和原来意义上的利润中心，而是边际贡献中心，人为利润中心适合采取这种计算方式。

(2) 利润中心不仅计算可控成本，也计算不可控成本。这种方式适合于共同成本易于合理分摊或不存在共同成本分摊的情形，自然利润中心适合采取这种计算方式。

4. 利润中心的考核指标

(1) 当利润中心不计算共同成本或不可控成本时，其考核指标为：

利润中心边际贡献总额 = 该利润中心销售收入总额
            − 该利润中心可控成本总额（或变动成本总额）

(2) 当利润中心计算共同成本或不可控成本，并采取变动成本法计算成本时，其考核指标主要是以下几种：

利润中心边际贡献总额 = 利润中销售收入总额 − 利润中心变动成本总额
利润中心负责人可控利润总额 = 利润中心边际贡献总额 − 利润中心负责人可控固定
            成本利润中心可控利润总额
            = 利润中心负责人可控利润总额 − 利润中心负责人不
            可控固定成本公司利润总额
            = 各利润中心可控利润总额之和 − 公司不可分摊的各
            种管理费用、财务费用等

（三）建立投资中心

1. 投资中心的含义

投资中心是指既对成本、收入和利润负责，又对投资效果负责的责任中心。

2. 投资中心的考核指标

(1) 投资利润率。

投资利润率又称投资报酬率或投资收益率，是指投资中心所获得的利润与投资额之间的比率。其计算公式为：

$$投资利润率 = \frac{利润}{投资额} \times 100\%$$

投资利润率这一指标，还可以进一步展开：

$$投资利润率 = \frac{销售收入}{投资额} \times \frac{成本费用}{销售收入} \times \frac{利润}{成本费用}$$
$$= 资本周转率 \times 销售成本率 \times 成本费用利润率$$

(2) 剩余收益。

剩余收益 = 利润 − 投资额或净资产占用额 × 规定或预期的最低投资报酬率

如果考核指标是总资产息税前利润率，则剩余收益计算公式应作相应调整，其计算公式如下：

剩余收益 = 息税前利润 − 总资产占用额 × 规定或预期的总资产息税前利润率

六、编制责任预算

(一) 责任预算的含义

责任预算是以责任中心为主体,以其可控成本、收入、利润和投资等为对象而编制的预算。通过编制责任预算可以明确各责任中心的责任,并通过与企业总预算的一致,以确保其实现。通过编制责任预算也为控制和考核责任中心经营管理活动提供了依据,责任预算是企业总预算的补充和具体化。

(二) 责任预算的编制

1. 责任预算的编制程序

(1) 以责任中心为主体,将企业总预算在各责任中心之间层层分解而形成各责任中心的预算。

(2) 各责任中心自行列示各自的预算指标,由下而上、层层汇总,最后由企业专门机构或人员进行汇总和调整,确定企业总预算。

2. 责任预算的编制程序与企业组织结构的关系

(1) 集权组织结构形式下责任预算的编制程序。在集权组织结构形式下,首先要按照责任中心的层次,从上而下把公司总预算(或全面预算)逐层向下分解,形成各责任中心的责任预算;然后建立责任预算执行情况的跟踪系统,记录预算执行的实际情况,并定期由下至上把责任预算的实际执行数据逐层汇总,直到最高层的利润中心或投资中心。

(2) 分权组织结构形式下责任预算的编制程序。在分权组织结构形式下,首先也应按责任中心的层次,将公司总预算(或全面预算)从最高层向最底层逐级分解,形成各责任单位的责任预算。然后建立责任预算的跟踪系统,记录预算实际执行情况,并定期从最基层责任中心把责任成本的实际数,以及销售收入的实际数,通过编制业绩报告逐层向上汇总,一直达到最高的投资中心。

七、编制责任报告

责任报告亦称业绩报告、责效报告,它是根据责任会计记录编制的反映责任预算实际执行情况,揭示责任预算与实际执行差异的内部会计报告。

责任报告是对各个责任中心执行责任预算情况的系统概括和总结。我们可以把责任报告与责任预算进行比较,进行反馈控制的过程如图 9-4 所示。

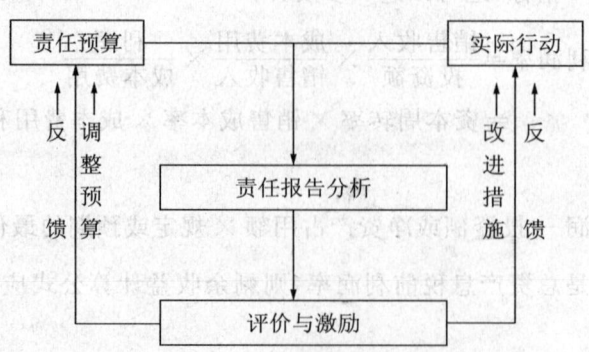

图 9-4 反馈控制过程图

责任中心是逐级设置的,责任报告也应自下而上逐级编制。

八、完成业绩考核

业绩考核是以责任报告为依据,分析、评价各责任中心责任预算的实际执行情况,找出差距,查明原因,借以考核各责任中心工作成果,实施奖罚,促使各责任中心积极纠正行为偏差,完成责任预算的过程。

(一)成本中心业绩考核

成本中心业绩考核是以责任报告为依据,将实际成本与预算成本或责任成本进行比较,确定两者差异的性质、数额以及形成的原因,并根据差异分析的结果,对各成本中心进行奖罚,以督促成本中心努力降低成本的过程。

(二)利润中心业绩考核

考核利润中心业绩时,只计算和考评本利润中心权责范围内的收入和成本。凡不属于本利润中心权责范围内的收入和成本,尽管已由本利润中心实际收进或支付,仍应予以剔除,不能作为本利润中心的考核依据。

(三)投资中心业绩考核

投资中心业绩考核,除收入、成本和利润指标外,考核重点应放在投资利润率和剩余收益两项指标上。

习 题

任务一 财务控制基础

一、判断题

1. 在企业的经济控制系统中,财务控制是最具有连续性、系统性和综合性的子系统。( )
2. 财务控制是财务管理循环的关键环节,对实现财务管理目标具有决定作用。( )
3. 财务控制在企业经营控制系统中处于一种特殊地位,具有保证、促进、监督和协调等重要功能。( )
4. 判断一项控制措施属于哪种类型,主要是看采取这项控制措施的设计意图。( )
5. 事前财务控制这种控制的目的是防止问题的发生。( )
6. 按照财务控制的内容,可将财务控制分为一般控制和应用控制两类。( )

二、单项选择题

1. 下列财务控制要素中,决定财务控制目标能否实现的关键因素是( )。
   A. 控制环境　　　　　　　　B. 控制活动
   C. 目标设定　　　　　　　　D. 监控

2. 通常情况下出资者财务控制是一种（　　）。
   A. 事前控制　　　B. 事后控制　　　C. 内部控制　　　D. 外部控制
3. 授权控制是一种（　　）。
   A. 事前控制　　　B. 事中控制　　　C. 事后控制　　　D. 内部控制
4. 制度控制具有（　　）的特征。
   A. 激励性　　　　B. 防护性　　　　C. 可控性　　　　D. 不可控性
5. 事中财务控制常见的控制方式是（　　）。
   A. 跟踪调查　　　B. 定期分析　　　C. 间接观察　　　D. 直接观察
6. 财务控制按控制的对象分为收支控制和（　　）。
   A. 费用控制　　　B. 成本控制　　　C. 利润控制　　　D. 现金控制

三、多项选择题

1. 下列各项中，属于财务控制特征的有（　　）。
   A. 价值形式为控制手段　　　　　　B. 以综合经济业务为控制对象
   C. 以作出最终决策为奋斗目标　　　D. 以日常现金流量控制为主要内容
2. 下列各项中，属于财务控制要素的有（　　）。
   A. 目标设定　　　B. 风险评估　　　C. 监控　　　　　D. 风险应对
3. 下列各项中，属于按照财务控制的功能对财务控制分类内容的有（　　）。
   A. 预防性控制　　　　　　　　　　B. 现金收支控制
   C. 侦查性控制　　　　　　　　　　D. 补偿性控制
4. 财务控制按照控制的主体分类包括（　　）。
   A. 预算的控制　　　　　　　　　　B. 经营者的财务控制
   C. 财务部门本身的控制　　　　　　D. 出资者的财务控制
5. 下列各项中，属于财务控制方式有（　　）。
   A. 授权批准控制　　　　　　　　　B. 职务分离控制
   C. 财产保全控制　　　　　　　　　D. 独立检查控制
6. 下列项目中，属于财务控制基本要素控制环境的有（　　）。
   A. 诚信与价值观　　　　　　　　　B. 员工的胜任能力
   C. 企业风险管理观念　　　　　　　D. 企业组织结构
7. 财务控制的目标包括（　　）。
   A. 合理配置和使用财务资源
   B. 保护资产的安全和完整
   C. 保证财务信息的可靠性
   D. 遵循有关财务会计法规和企业已定的财务会计政策
8. 下列属于不相容职务，需要分离的有（　　）。
   A. 业务授权与执行职务相分离　　　B. 业务执行与记录职务相分离
   C. 经营责任与记账责任相分离　　　D. 记录总账与明细账职务相分离

四、思考题

1. 请简述财务控制的特征与功能。
2. 请简述财务控制的基本原则。
3. 请简述财务控制的种类。
4. 请简述财务控制的要素与方式。

任务二 财务控制实施

一、判断题

1. 责任中心就是承担一定经济责任,并享有一定权力和利益的企业内部单位。（ ）
2. 对一个企业而言,变动成本和直接成本大多是可控成本,而固定成本和间接成本大多是不可控成本。（ ）
3. 属于某成本中心的各项可控成本之和即构成该中心的责任成本。（ ）
4. 成本中心不仅要以货币形式计量投入,而且要以货币形式计量产出。（ ）
5. 人为利润中心是指只对内部责任单位提供产品或劳务而取得"内部销售收入"的利润中心。（ ）
6. 只有既划清责任又能进行单独核算的企业内部单位,才能作为一个责任中心。（ ）
7. 利润中心必然是成本中心,投资中心必然是利润中心,所以投资中心首先是成本中心,但利润中心并不一定都是投资中心。（ ）
8. 因为投资的目的之一是获得利润,所以投资中心同时也必然是利润中心,可以分为自然的投资中心和人为的投资中心两种类型。（ ）
9. 以市场价格作为内部转移价格,就是直接按市场价格结算。（ ）
10. 从企业总体看,内部转移价格无论怎样变动,企业利润总额不变,变动的只是企业内部各责任中心的收入或利润的分配份额。（ ）

二、单项选择题

1. 下列各项中,不属于责任成本基本特征的是（   ）。
   A. 可以预计 B. 可以计量
   C. 可以控制 D. 可以对外报告
2. 对成本中心而言,下列各项中,不属于该类中心特点的是（   ）。
   A. 只考核本中心的责任成本 B. 只对本中心的可控成本负责
   C. 只对责任成本进行控制 D. 只对直接成本进行控制
3. 不论利润中心是否计算共同成本或不可控成本,都必须考核的指标是（   ）。
   A. 该中心的剩余收益 B. 该中心的边际贡献总额
   C. 该中心的可控利润总额 D. 该中心负责人的可控利润总额
4. 已知 ABC 公司加权平均的最低投资利润率为20%,其下设的甲投资中心投资额为200万元,剩余收益为20万元,则该中心的投资利润率为(　　)。

A. 40%　　　　B. 30%　　　　C. 20%　　　　D. 10%

5. 在投资中心的主要考核指标中,能使个别投资中心的利益与整个企业的利益统一起来的指标是(　　)。

A. 投资利润率　　　　　　　　B. 可控成本
C. 利润总额　　　　　　　　　D. 剩余收益

6. 具有独立或相对独立的收入和生产经营决策权,并对成本、收入和利润负责的责任中心是(　　)。

A. 成本中心　　B. 利润中心　　C. 投资中心　　D. 财会中心

7. 以下属于典型的人为利润中心的是(　　)。

A. 分公司　　　B. 分店　　　　C. 车间　　　　D. 海外事业部

8. 下列各项中,不属于投资中心特征的有(　　)。

A. 在企业内部拥有最大的决策权
B. 企业内部最高层次的责任中心
C. 一般为独立的法人
D. 只需要对投资效果负责,不需要对成本负责

9. 公司制企业的下列责任单位中,可作为投资中心的是(　　)。

A. 公司　　　　B. 车间　　　　C. 班组　　　　D. 职工

10. 在分权组织结构下,编制责任预算的程序通常是(　　)。

A. 自上而下、层层分解　　　　B. 自上而下、层层汇总
C. 由下而上、层层分解　　　　D. 由下而上、层层汇总

三、多项选择题

1. 利润中心的考核总指标为利润,具体内容有(　　)。

A. 利润中心边际贡献总额　　　B. 利润中心负责人可控利润总额
C. 利润中心可控利润总额　　　D. 总资产息税前利润率

2. 成本中心的业绩,可以通过(　　)来考核。

A. 标准成本降低额　　　　　　B. 变动成本降低额
C. 责任成本降低额　　　　　　D. 责任成本降低率

3. 下列各项中,属于揭示投资中心特点的表述的有(　　)。

A. 企业内部最高层次的责任中心
B. 在企业内部拥有最大的决策权
C. 承担最大的责任
D. 分权管理程度比较高

4. 下列各项指标中,属于投资中心业绩考核重点指标的有(　　)。

A. 可控成本　　　　　　　　　B. 收入和利润
C. 投资利润率　　　　　　　　D. 剩余收益

5. 相对剩余收益指标而言，投资利润率指标的缺点有（   ）。
A. 无法反映投资中心的综合盈利能力
B. 可能造成投资中心的近期目标与整个企业的长期目标相背离
C. 不便于投资项目建成投产后与原定目标的比较
D. 不便于各投资中心经营业绩的横向比较

6. 投资利润率可以进一步分解为三个相对数指标之积，它们包括（   ）。
A. 资本周转率   B. 销售成本率
C. 销售利润率   D. 成本费用利润率

7. 成本中心相对于利润中心和投资中心有其自身的特点，主要表现在（   ）。
A. 成本中心只考评成本费用而不考评收益
B. 成本中心应对全部成本负责
C. 成本中心只对可控成本承担责任
D. 成本中心只对责任成本进行考核和控制

四、业务题

1. 某车间的月责任成本预算满足如下模式：$y = 200\,000 + 10x$，该车间八月份的实际成本资料如下：可控成本为 411 600 元，其中：固定成本为 211 600 元，变动成本为 200 000 元，另外不可控成本 36 000 元全部为固定成本，实际产量为 22 000 件。

要求：
（1）计算该车间责任成本变动额。
（2）计算该车间责任成本变动率。
（3）登记如表 9-2 所示的车间成本表，并评价该车间成本控制业绩。

表 9-2　　　　　　　　　　　　　　车间成本表　　　　　　　　　　　　　　单位：元

成本项目	实　际	预　算	差　异
变动成本			
固定成本			
合　计			

2. 中兴天一公司下设 A、B 两个投资中心，A 投资中心的投资额为 200 万元，投资利润率为 15%；B 投资中心的投资利润率为 17%，剩余收益为 20 万元；中兴天一公司要求的平均最低投资利润率为 12%。中兴天一公司决定追加投资 100 万元，若投向 A 投资中心，每年可增加利润 20 万元；若投向 B 投资中心，每年可增加利润 15 万元。

要求：
（1）计算追加投资前 A 投资中心的剩余收益。
（2）计算追加投资前 B 投资中心的投资额。
（3）计算追加投资前英达公司的投资利润率。
（4）若 A 投资中心接受追加投资，计算其剩余收益。

(5) 若 B 投资中心接受追加投资,计算其投资利润率。

3. 中兴天一总公司下设甲、乙两个具有独立收入来源和独立经营权的分公司。

资料一:2020 年甲分公司实现销售收入 8 000 万元,变动成本率为 60%,固定成本总额为 1 200 万元,其中,有 320 万元的折旧费为部门经理不可控成本,折旧费以外的固定成本为部门经理的可控成本。

资料二:2020 年乙分公司实现的可控利润总额为 3 440 万元。

资料三:2020 年总公司总资产平均余额为 32 000 万元,其中负债资金平均余额为 12 800 万元,平均利息率为 6%。总公司全年发生的不可分摊的各种管理费用为 760 万元,若总公司股东要求的最低净资产收益率为 10%,所得税税率为 25%。

要求:

(1) 根据资料一,计算甲分公司的下列指标。

① 计算甲分公司的边际贡献总额。

② 计算甲分公司的负责人可控利润总额。

③ 计算甲分公司的可控利润总额。

(2) 根据资料二、三,完成下列计算:

① 计算总公司实现的利润总额和净利润总额。

② 计算总公司的净资产平均占用额。

③ 计算总公司的投资利润率(净资产收益率)。

④ 计算总公司的剩余收益。

4. 已知有两家没有任何联系的公司,相关资料如表 9-3 所示。

表 9-3 资料表 单位:万元

投资中心	甲公司	乙公司
息税前利润	50 000	16 000
总资产平均余额	312 500	80 000
预期的最低总资产息税前利润率	14%	16%

要求:

(1) 分别计算各公司的总资产息税前利润率和剩余收益指标。

(2) 说明如果现有一项可带来 15% 的总资产息税前利润率的投资机会,若接受投资,甲、乙两公司的总资产息税前利润率和剩余收益会增加还是减少。

(3) 若按总资产息税前利润率指标进行考核,上述两家公司是否愿意进行投资?

(4) 若按剩余收益指标进行考核,上述两家公司是否愿意进行投资?

五、思考题

1. 简述成本中心的含义、类型与考核指标。

2. 简述利润中心的含义、类型与考核指标。

3. 简述投资中心的含义、类型与考核指标。

4. 如何对成本中心、利润中心和投资中心实施财务控制？

项目实训　投资中心决策分析

一、任务目标
（1）计算剩余收益。
（2）分析投资意愿。
（3）提出投资中心决策分析报告。

二、任务描述
某市高新技术区有一个投资项目，中兴天一公司董事会开会讨论认为本公司能获得该项目投资将是公司发展的一次战略机遇，但另有三家企业在竞争，董事会要求投资中心收集三家企业的资料，分析其投资意愿，提出本公司投资决策方案，供董事会研究决策。

三、操作准备
（1）学生分组。学生以 6～8 人为一组，选定正副组长为公司投资中心正副主任。
（2）学生分工。投资中心正副主任将组内学生按投资决策分析要求合理分工。
（3）制订工作计划书。每个小组制订一份工作计划书，工作计划书根据工作内容，由小组学生讨论制订，并经指导老师审阅批准后实施。

四、操作流程
（1）各小组学习任务目标和任务描述，研究任务工单和应完成的任务。
（2）复习投资中心的考核指标和投资评价的方法。
（3）各小组讨论制订中兴天一公司投资中心决策分析工作计划书。
（4）指导老师审阅各小组制订的中兴天一公司投资中心决策分析工作计划书，并签批。
（5）各小组计算各投资者的剩余收益。
（6）各小组分析各投资者的投资意愿。
（7）各小组撰写投资中心的投资决策分析报告。

五、实训材料
（一）任务工单
1. 投资项目情况
某市高新技术区的投资项目为光纤通信工程，该工程的投资报酬率为 11%。

2. 三家企业情况（表9-4）

表9-4　　　　　　　　　　　　三家企业情况表

项　　目	天呈公司	丰达公司	宁信公司
利润/万元	950	6 000	3 800
净资产平均占用额/万元	8 000	85 000	30 000
股东权益/万元	7 000	65 000	25 000
规定的最低投资报酬率/%	12	8	10

（二）完成任务

1. 编制中兴天一公司投资中心投资决策分析工作计划书（表9-5）

表9-5　　　　　　中兴天一公司投资中心投资决策分析工作计划书

主　要　内　容	实施时间	实施形式	主要负责人
研究投资中心决策分析的任务、要求与分工			
复习投资中心的考核指标和投资评价方法			
计算投资的剩余收益			
分析投资的投资意愿			
撰写投资中心决策分析报告			

其他：

　　学习小组组长：　　　　　学习小组成员：

　　　　　　　　　　　　　　　　　　　　　　　　　年　月　日

指导老师审阅意见：

　　　　　　　　　　　　　　　　　　　签名：

　　　　　　　　　　　　　　　　　　　　　　　　　年　月　日

2. 计算三家投资企业的剩余收益（表9-6）

表9-6　　　　　　　　　三家投资企业的剩余收益

	投资企业剩余收益
天呈公司	
丰达公司	
宁信公司	

学习小组成员签字：_____

3. 分析与撰写投资决策分析报告（表9-7）

表9-7　　　　　　　　　　投资决策分析报告

中兴天一公司投资决策分析报告

一、天呈公司投资意愿

二、丰达公司投资意愿

三、宁信公司投资意愿

四、本公司对项目投资的建议

学习小组成员签字：＿＿＿＿＿＿＿＿＿＿

六、讨论评价

(1) 各小组相互交流打分。

(2) 指导老师打分并点评。

项目十　财务分析

学　习　指　导

一、财务分析的意义和内容

（一）财务分析的意义

财务分析是以财务报告及其他相关资料为依据，采用专门方法，系统分析和评价企业过去和现在的经营成果、财务状况及其变动，以了解过去、评价现在、预测未来，帮助利益关系集团或利益相关者改善管理或者进行科学决策的过程。

（1）可以判断企业的财务实力。

（2）可以评价和考核企业的经营业绩，揭示财务活动存在的问题。

（3）可以挖掘企业潜力，寻求提高企业经营管理水平和经济效益的途径。

（4）可以评价企业的发展趋势。

（二）财务分析的内容

企业财务报表的不同使用人，分析目的不完全相同，如表10-1所示。

表10-1　　　　　　　　　　　财务分析表

财务报表分析者	分析的主要内容与目的
债权人	评估企业的短期及长期偿债能力，决定是否出让债权
投资人	分析企业的获利能力，决定股利分配政策
企业经理	分析企业经营成效，改善企业财务管理
供应商	了解企业信用水平，决定是否提供商业信用
雇员和工会	分析企业盈利与雇员的收入、保险、福利是否相适应
中介机构	为服务对象提供专业咨询

财务分析的一般目的可以概括为:评价过去的经营业绩、衡量现在的财务状况、预测未来的发展趋势。根据分析的具体目的,财务分析可以分为:流动性分析、盈利性分析、财务风险分析、专题分析。

二、财务分析的方法

(一)趋势分析法

1. 重要财务指标的比较

重要财务指标的比较是将不同时期财务报告中的相同指标或比率进行比较,直接观察其增减变动情况及变动幅度,考察其发展趋势,预测其发展前景的一种方法。

(1)定基动态比率。定基动态比率是以某一时期的数额为固定的基期数额而计算出来的动态比率。其计算公式为:

$$定基动态比率 = \frac{分析期数额}{固定基期数额} \times 100\%$$

(2)环比动态比率。环比动态比率以每一分析期的前期数额为基数数额而计算出来的动态比率。其计算公式为:

$$环比动态比率 = \frac{分析期数额}{前期数额} \times 100\%$$

2. 会计报表的比较

会计报表的比较是将连续数期的会计报表的金额并列起来,比较其相同指标的增减变动金额和幅度,据以判断企业财务状况和经营成果发展变化的一种方法。

3. 会计报表项目构成的比较

会计报表项目构成的比较是以会计报表中的某个总体指标作为100%,再计算出各组成指标占总体指标的百分比,从而来比较各个项目百分比的增减变动,以此来判断有关财务活动的变化趋势的一种方法。

采用趋势分析法时,必须注意:

(1)用于进行对比的各个时期的指标,计算口径必须一致。

(2)剔除偶发性项目的影响,使作为分析的数据能反映正常的经营状况。

(3)应运用例外原则,对某项有显著变动的指标作重点分析,研究其产生的原因,以便采取对策,趋利避害。

(二)比率分析法

比率分析法是通过计算各种比率指标来确定经济活动变动程度的一种分析方法。

1. 构成比率

构成比率又称结构比率,是某项财务指标的各组成部分数值占总体数值的百分比,反映部分与总体的关系。其计算公式为:

$$构成比率 = \frac{某个组成部分数值}{总体数值} \times 100\%$$

利用构成比率，可以考察总体中某个部分的构成和安排是否合理，以便协调各项财务活动。

2. 效率比率

效率比率是某项财务活动中所费与所得的比率，反映投入与产出的关系。利用效率比率指标，可以进行得失比较，考察经营成果，评价经济效益。

3. 相关比率

相关比率是以某个项目和与其有关但又不同的项目加以对比所得的比率，反映有关经济活动的相互关系。

比率分析法的优点是计算简便，计算结果也比较容易判断。采用这一方法时应该注意：

(1) 对比项目的相关性。

(2) 对比口径的一致性。

(3) 衡量标准的科学性。

（三）因素分析法

因素分析法也称因素替代法、连环替代法，是依据分析指标和影响因素的关系，从数量上确定各因素对指标的影响程度的一种分析方法。

因素分析法具体有两种：一为连环替代法；二为差额分析法。连环替代法是依据分析指标的构成关系依次替代，测定各因素对财务指标的影响。差额分析法则是连环替代法的简化方法。

三、财务报表分析的一般步骤

(1) 明确分析的目的。

(2) 收集并整理有关的信息。

(3) 实施具体分析。

(4) 作出分析结论，撰写分析报告。

四、基本财务指标分析

（一）偿债能力分析

1. 短期偿债能力分析

分析短期偿债能力的常用指标有营运资金、流动比率、速动比率和现金比率四项。

(1) 营运资金。营运资金是指流动资产超过流动负债的部分。

$$营运资金 = 流动资产 - 流动负债$$

营运资金是个绝对数，如果企业之间规模相差很大，绝对数相比的意义很有限，也不便于不同企业之间的比较。

(2) 流动比率。流动比率是流动资产与流动负债的比率，它表明企业每1元流动负债有多少流动资产作为偿还保证，反映企业可在短期内转变为现金的流动资产偿还到期流动负债的能力。

$$流动比率 = \frac{流动资产}{流动负债} \times 100\%$$

一般认为,生产企业合理的最低流动比率是2。

(3) 速动比率。速动比率是指企业速动资产与流动负债的比率。它假设速动资产是可以用于偿债的资产,表明每1元流动负债由多少速动资产作为偿还保障。

$$速动比率 = \frac{速动资产}{流动负债} \times 100\%$$

其中,速动比率 = 流动资产 − 存货。

或者,速动比率 = 流动资产 − 存货 − 预付账款 − 待摊费用。

通常认为正常的速动比率为1,低于1的速动比率被认为是短期偿债能力偏低。

(4) 现金比率。现金比率是指现金资产与流动负债的比率,它表明1元流动负债有多少现金资产作为偿还保障。

$$现金比率 = \frac{货币资金 + 交易性金融资产}{流动负债} \times 100\%$$

研究表明,0.2的现金比率就可以接受。

2. 长期偿债能力分析

反映企业长期偿债能力的财务比率主要有:资产负债率、股东权益比率、权益乘数、产权比率和利息保障倍数等。

(1) 资产负债率。资产负债率是企业负债总额与资产总额的比率,也称为负债比率。

$$资产负债率 = (负债总额 \div 资产总额) \times 100\%$$

资产负债率反映企业偿还债务的综合能力,这个比率越高,企业偿还债务的能力越差;反之,偿还债务的能力越强。保守的观点认为资产负债率不应高于50%,而国际上通常认为资产负债率等于60%时较为适当。

(2) 股东权益比率与权益乘数。股东权益比率是股东权益总额与资产总额的比率。计算公式为:

$$股东权益比率 = \frac{股东权益总额}{资产总额} \times 100\%$$

股东权益比率与资产负债率之和等于1。这两个比率从不同的侧面反映企业长期财务状况,股东权益比率越大,资产负债比率就越小,企业财务风险就越小,偿还长期债务的能力就越强。

股东权益比率的倒数,称为权益乘数,即资产总额是股东权益的多少倍。

$$权益乘数 = \frac{资产总额}{股东权益总额}$$

(3) 产权比率。产权比率是负债总额与股东权益总额的比率,是企业财务结构稳健与否的重要标志,也称资本负债率。

$$产权比率 = (负债总额 \div 股东权益) \times 100\%$$

这个指标的评价标准，一般应小于1。

(4) 利息保障倍数。利息保障倍数也称已获利息倍数，是息税前利润与利息费用的比率，反映了获利能力对债务偿付的保证程度。

$$利息保障倍数 = 税息前利润 \div 利息费用$$

利息保障倍数的国际标准值为3，下限为1。

(二) 营运能力分析

1. 营业周期

营业周期是指从取得存货开始到销售存货并收回现金为止的时间。

$$营业周期 = 存货周转天数 + 应收账款周转天数$$

一般情况下，营业周期短，说明资金周转速度快；营业周期长，说明资金周转速度慢。

2. 存货周转率

存货周转率是衡量和评价企业购入存货、投入生产、销售收回等各个环节管理状况的综合性指标。

$$存货周转率 = 销货成本 \div 平均存货$$

$$\begin{aligned}存货周转天数 &= 360 \div 存货周转率 \\ &= 360 \div (销货成本 \div 平均存货) \\ &= (平均存货 \times 360) \div 销货成本\end{aligned}$$

存货周转分析的目的是从不同的角度和环节上找出存货管理中的问题，使存货管理在保证生产经营连续的同时，尽可能少占用经营资金，提高资金的使用效率，增加企业短期偿债能力，促进企业管理水平的提高。

3. 应收账款周转率

$$应收账款周转率 = 销售收入 \div 平均应收账款$$

$$应收账款周转天数 = 360 \div 应收账款周转率 = (平均应收账款 \times 360) \div 销售收入$$

一般来说，应收账款周转率越高，平均收账期越短，说明应收账款的收回越快。否则，企业的营运资金会过多地呆滞在应收账款上，影响正常的资金周转。

4. 流动资产周转率

流动资产周转率是销售收入与全部流动资产的平均余额的比值。

$$流动资产周转率 = 销售收入 \div 平均流动资产$$

其中，平均流动资产 = (年初流动资产 + 年末流动资产) ÷ 2。

流动资产周转率反映流动资产的周转速度。周转速度快，会相对节约流动资产，等于相对扩大资产投入，增加企业盈利能力；而延缓周转速度，需要补充流动资产参加周转，造成资金浪费，降低企业盈利能力。

5. 固定资产周转率

固定资产周转率是指企业年销售收入净额与固定资产平均净额的比率。

$$固定资产周转率 = 销售收入净额 \div 固定资产平均净值$$

其中,固定资产平均净值=(期初固定资产净值+期末固定资产净值)÷2。

固定资产周转率高,说明企业固定资产投资得当,结构合理,利用效率高;反之,固定资产周转率低,表明固定资产使用效率不高,提供的生产成果不多,企业的营运能力欠佳,应将闲置的固定资产及时清理。

6. 总资产周转率

总资产周转率是销售收入净额与平均资产总额的比值。

$$总资产周转率 = 销售收入净额 \div 平均资产总额$$

其中,平均资产总额=(年初资产总额+年末资产总额)÷2。

总资产周转率越高,表明企业全部资产的使用效率越高;反之,如果该指标较低,则说明企业利用全部资产进行经营的效率较差,最终会影响企业的盈利能力。

(三) 盈利能力分析

1. 销售净利率

销售净利率是指净利与销售收入的百分比。表示销售收入的收益水平。

$$销售净利率 = (净利 \div 销售收入) \times 100\%$$

该指标反映每一元销售收入带来的净利润的多少。销售净利率越高,表明企业的市场竞争力越强,发展潜力越大,从而获利能力越强。

2. 销售毛利率

销售毛利率是毛利占销售收入的百分比,其中毛利是指销售收入与销售成本的差。

$$销售毛利率 = [(销售收入 - 销售成本) \div 销售收入] \times 100\%$$

销售毛利率,表示每一元销售收入扣除销售产品或商品成本后,还有多少可用于各项期间费用和形成盈利。

3. 成本费用利润率

成本费用利润率是指企业一定时期利润总额与成本费用总额的比率,反映了企业所得与所耗的关系。

$$成本费用利润率 = (利润总额 \div 成本费用总额) \times 100\%$$

成本费用利润率越高,表明企业为取得利润而付出的代价越小,成本费用控制得越好,获利能力越强。

4. 资产净利率

资产净利率是企业净利与平均资产总额的百分比。

$$资产净利率 = (净利润 \div 平均资产总额) \times 100\%$$
$$平均资产总额 = (期初资产总额 + 期末资产总额) \div 2$$

它是反映企业资产综合利用效果的指标,也是衡量利用债权人和所有者权益总额所取得盈利的重要指标。

5. 净资产收益率

净资产收益率是净利润与平均净资产的百分比,也叫净值报酬率或权益报酬率或股东权益净利率。

$$净资产收益率 = 净利润 \div 平均净资产 \times 100\%$$

其中,平均净资产=(年初净资产+年末净资产)÷2。

它是反映自有资金投资收益水平的指标,是企业获利能力指标的核心。

6. 每股收益

每股收益是反映企业普通股股东持有每一股份所能享有企业利润或承担企业亏损的业绩评价指标。

$$每股收益 = (净利 - 优先股股息) \div 发行在外的加全平均普通股股数$$

每股收益是衡量上市企业盈利能力的指标之一,该指标反映普通股的获利水平,指标值越高,每一股可得的利润越高,股东的投资效益越好,反之则越差。

7. 每股股利

每股股利是企业股利总额与流通股数的比值,是评价投资于普通股每股所得报酬的指标。

$$每股股利 = 股利总额 \div 流通股数$$

该指标越高,说明股本盈利能力越强。

8. 市盈率

市盈率是指上市公司普通股每股市价与每股收益的比率,反映普通股股东为获取1元净利润所愿意支付的价格。

$$市盈率 = 每股市价 \div 每股收益$$

市盈率是股票市场上反映股票投资价值的重要指标,该比率的高低反映了市场上投资者对股票投资收益和投资风险的预期。

9. 每股净资产

每股净资产,又称每股账面价值,是指企业净资产与发行在外的普通股股数之间的比率。

$$每股净资产 = 期末净资产 \div 发行在外的普通股数$$

每股净资产显示了发行在外的每一普通股股份所能分配的企业账面净资产的价值。

10. 市净率

市净率是每股市价与每股净资产的比率,是投资者用以衡量、分析个股是否具有投资价值的工具之一。

$$市净率 = 每股市价 \div 每股净资产$$

一般来说,市净率较低的股票,投资价值较高;反之,则投资价值较低。但有时较低市净率反映的可能是投资者对公司前景的不良预期,而较高市净率则相反。

(四) 企业发展能力分析

1. 营业收入增长率

营业收入增长率是企业本年营业收入增长额与上年营业收入总额的比率。

$$营业增长率 = \frac{本年营业收入增长额}{上年营业收入总额} \times 100\%$$

其中,本年营业收入增长额=本年营业收入总额－上年营业收入总额。

实务中,也可以使用销售增长率来分析企业经营业务收入的增减情况。其计算公式为:

$$销售增长率 = \frac{本年销售收入增长额}{上年销售收入总额} \times 100\%$$

它反映企业营业收入的增减变动情况,是评价企业成长状况和发展能力的重要指标。

2. 资本积累率

资本积累率是企业本年所有者权益增长额与年初所有者权益的比率。

$$资本累积率 = \frac{本年所有者权益增长额}{年初所有者权益} \times 100\%$$

其中,本年所有者权益增长额=所有者权益年末数－所有者权益年初数。

它反映企业当年资本的积累能力,是评价企业发展潜力的重要指标。

3. 总资产增长率

总资产增长率是企业本年总资产增长额同年初资产总额的比率,它反映企业本期资产规模的增长情况。

$$总资产增长率 = \frac{本年总资产增长额}{年初资产总额} \times 100\%$$

其中,本年总资产增长额=资产总额年末数－资产总额年初数。

4. 资本保值增值率

资本保值增值率是指所有者权益的期末总额与期初总额之比,反映企业当年资本在企业自身努力下的实际增减变动情况。

$$资本保值增值率 = \frac{期末所有者权益总额}{期初所有者权益总额} \times 100\%$$

5. 营业利润增长率

营业利润增长率是企业本年营业利润增长额与上年营业利润总额的比率,反映企业营业利润增减变动情况。

营业利润增长率＝本年营业利润增长额÷上年营业利润总额×100%

本年营业利润增长额＝本年营业利润－上年营业利润

五、综合财务指标分析

(一) 杜邦财务分析体系

杜邦财务分析体系是一种用来评价公司盈利能力和股东权益报酬回报水平,从财务角度评价企业绩效的一种经典方法,其基本思想是将企业净资产收益率为核心,将其逐级分解为多项财务比率乘积,以深入分析比较企业经营业绩。

杜邦分析的核心指标是股东权益净利率。

杜邦体系各主要指标之间的关系如下:

$$股东权益净利率 = \frac{净利润}{销售收入} \times \frac{销售收入}{总资产} \times \frac{总资产}{股东权益}$$

$$= 销售净利率 \times 总资产周转率 \times 权益乘数$$

无论提高其中的哪个比率,股东权益净利率都会提高。其中,销售净利率是利润表的概括,销售收入在利润表的第一行,净利润在利润表的最后一行,两者相除可以概括全部经营成果;权益乘数是资产负债表的概括,表明资产、负债和股东权益的比例关系,可以反映最基本的财务状况;总资产周转率把利润表和资产负债表联系起来,使股东权益净利率可以综合整个企业经营活动和财务活动业绩。

杜邦体系的基本框架如图 10-1 所示。

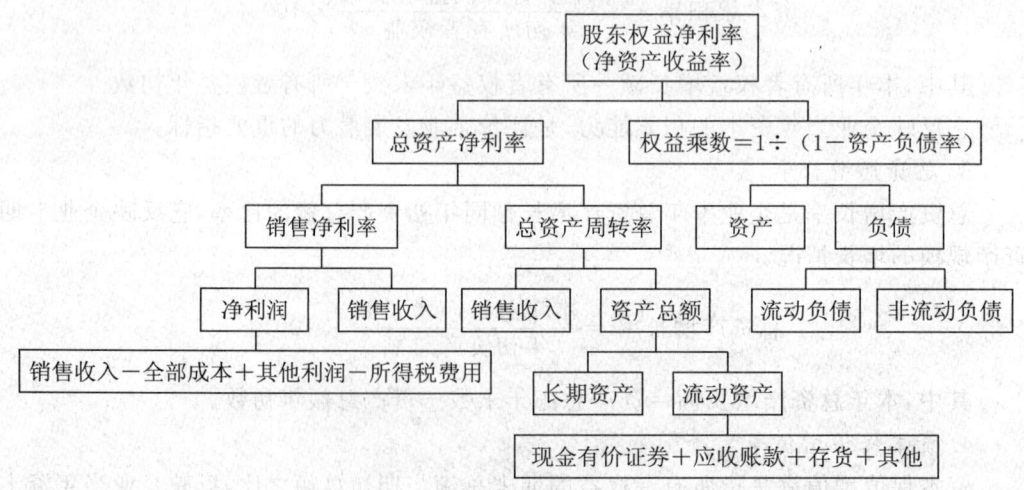

图 10-1 杜邦体系的基本框架

(二) 沃尔比重评分法

亚历山大·沃尔在 20 世纪初创立了一种财务综合分析方法——沃尔比重评分法。在《信用晴雨表研究》和《财务报表比率分析》中,亚历山大·沃尔提出了信用能力指数的概念,把若干个有代表性的财务比率用线性结合起来,以评价企业的信用水平。他选择了 7 个财务比率,即流动比率、产权比率、固定资产比率、存货周转率、应收账款周转率、固定资产周转率和自有资金周转率,分别给定各指标的比重,总和为 100 分。然后确定标准比率(以行业平均数为基础),并将实际比率与标准比率相比,评出每项指标的得分,最后求出总评分。

另外,我国财政部为了能够综合评价企业的经营管理业绩,按照基本财务指标体系、杜邦财务分析体系和沃尔比重评分法,创立了企业经济效益评价指标体系,以全面评价企业的经济效益水平,如表10-2所示。

表10-2　　　　　　　　企业经济效益评价指标体系

	指标	计算公式	用途说明
获利能力指标	1. 销售利润率	$\dfrac{利润总额}{产品销售收入净额}$	衡量企业销售收入的获利水平
	2. 总资产收益率	$\dfrac{息税前利润总额}{平均资产总额}$	衡量企业运用全部资产获取息税前利润的能力
	3. 资本收益率	$\dfrac{净利润}{实收资本}$	衡量企业运用投资者投入资本获取净利润的能力
	4. 资本保值增值率	$\dfrac{期末所有者权益总额}{期初所有者权益总额}$	衡量企业投资者拥有企业主权资本的完整性、保全性和增值性
偿债能力指标	5. 资产负债率	$\dfrac{负债总额}{资产总额}$	衡量企业负债水平高低和承担财务风险的情况
	6. 流动比率(或速动比率)	$\dfrac{流动资产(或速动资产)}{流动负债}$	衡量企业偿付到期债务的能力
营运能力指标	7. 应收账款周转率	$\dfrac{赊销净额}{平均应收账款余额}$	衡量应收账款周转速度的加速或缓慢
	8. 存货周转率	$\dfrac{产品销售成本}{平均存货成本}$	衡量存货资产周转速度的加速或缓慢
社会贡献指标	9. 社会贡献率	$\dfrac{企业社会贡献总额}{平均资产总额}$	衡量企业运用全部资产为国家或社会创造或支付价值的能力
	10. 社会积累率	$\dfrac{上缴国家财政总额}{企业社会贡献总额}$	衡量企业社会贡献总额中上缴国家财政的比例

习　题

任务一　财务分析方法

一、判断题

1. 财务分析的不同主体在利益倾向上的差异,决定了在对企业进行财务分析时,不会存在共同的要求。（　　）

2. 在采用因素分析法时,既可以按照各因素的依存关系排列成一定的顺序并依次替代,也可以任意颠倒顺序,其结果是相同的。（　　）

3. 将不同时期报表中相同的项目加以对比，即可求出相关比率。（   ）
4. 效率比率是某项财务活动中所费与所得的比率，反映投入与产出的关系。（   ）

二、单项选择题

1. 采用比率分析法要注意的问题不包括（   ）。
   A. 对比项目的相关性　　　　　　B. 对比口径的一致性
   C. 衡量标准的科学性　　　　　　D. 例外事项重点分析

2. 为了满足不同使用者的需求，财务分析除包括营运能力分析、偿债能力分析、获利能力分析及发展能力分析外，还包括（   ）。
   A. 现金流量分析　　　　　　　　B. 经济效益分析
   C. 杜邦体系分析　　　　　　　　D. 沃尔分析法

3. 比率指标除了构成比率和效率比率外，还包括（   ）。
   A. 加权比率　　　　　　　　　　B. 平均比率
   C. 相关比率　　　　　　　　　　D. 无关比率

4. 财务分析的一般目的可以概括为：评价过去的经营业绩，衡量现时的财务状况，（   ）。
   A. 预测未来的目标利润　　　　　B. 预测未来的经营业绩
   C. 预测未来的社会贡献　　　　　D. 预测未来的发展趋势

三、多项选择题

1. 财务分析的意义包括（   ）。
   A. 可以判断企业的财务实力　　　B. 可以评价和考核企业的经营业绩
   C. 可以挖掘企业潜力　　　　　　D. 可以评价企业的发展趋势

2. 运用因素分析法进行分析时，应注意的问题有（   ）。
   A. 因素分解的关联性　　　　　　B. 因素替代的顺序性
   C. 顺序替代的连环性　　　　　　D. 计算结果的准确性

3. 趋势分析法的具体运用主要有（   ）方式。
   A. 重要财务指标的比较　　　　　B. 会计报表的比较
   C. 会计报表项目构成的比较　　　D. 资产负债表比较

4. 根据分析的具体目的，财务分析可以分为（   ）。
   A. 流动性分析　　　　　　　　　B. 盈利性分析
   C. 财务风险分析　　　　　　　　D. 专题分析

四、思考题

1. 财务报表分析各使用人的目的分别是什么？
2. 请说明企业进行财务报表分析的方法与步骤。

任务二 基本财务指标分析

一、判断题

1. 在总资产报酬率不变的情况下,资产负债率越低,净资产收益率越高。(   )
2. 现金流动负债比率的提高不仅增加资产的流动性,也会使机会成本增加。
(   )
3. 权益乘数与资产负债率成正比。(   )
4. 债权人通常不仅关心企业偿债能力比率,而且关心企业盈利能力比率。
(   )
5. 经营活动产生的现金流量大于零,说明企业盈利。(   )
6. 流动比率较高时说明企业有足够的现金或存款用来偿债。(   )
7. 速动比率较流动比率更能反映流动负债偿还的安全性,如果速动比率较低,则企业的流动负债到期绝对不能偿还。(   )
8. 应收账款周转率越高越好。(   )
9. 应收账款属于速动资产。(   )
10. 如果企业当期利息保障倍数低于1,则表示企业无法支付到期债务。(   )
11. 速动比率比流动比率更能反映流动负债偿还的安全性和稳定性。(   )
12. 资产负债率与产权比率都可以反映企业的偿债能力,产权比率侧重于揭示企业的资本结构的稳健性。(   )
13. 对于盈利企业,在总资产净利率不变的情况下,资产负债率越高净资产收益率越高。(   )
14. 若利息保障倍数等于3,说明企业根据当前的盈利状况合理的债务规模大约为当前债务规模的3倍。(   )
15. 分析企业盈利能力时,应当剔除非常项目的影响。(   )

二、单项选择题

1. 利息保障倍数不仅反映了企业获利能力,而且反映了(   )。
   A. 总偿债能力   B. 短期偿债能力
   C. 长期偿债能力   D. 经营能力
2. 下列不属于速动资产项目的是(   )。
   A. 现金   B. 存货
   C. 应收账款   D. 交易性金融资产
3. 下列指标中,属于效率比率的是(   )。
   A. 流动比率   B. 营业利润率   C. 资产负债率   D. 权益乘数
4. 最能体现企业短期偿债能力强弱的指标是(   )。
   A. 利息保障倍数   B. 速动比率
   C. 流动比率   D. 现金流动负债比率

5. 在其他条件不变的情况下,下列会引起总资产周转率指标下降的业务是(　　)。
   A. 用现金偿还负债   B. 借入一笔短期借款
   C. 用银行存款购入一台设备   D. 用银行存款支付一年的保险费
6. 在计算速动比率时,要从流动资产中扣除存货,其原因是(　　)。
   A. 存货的数量难以确定   B. 存货的变现能力最低
   C. 存货的价值变化大   D. 存货的质量难以保证
7. 某公司2020年销售净收入为315 000元,应收账款年末数为18 000元,年初数为16 000元,其应收账款周转次数是(　　)次。
   A. 10   B. 15   C. 18.5   D. 20
8. 某企业本期资产负债率为47%,则(　　)。
   A. 企业已资不抵债   B. 企业有较好的偿债能力
   C. 不说明什么问题   D. 企业不具备负债经营能力
9. 企业又收到投资者投入资本200 000元,则本期资产负债率(　　)。
   A. 保持不变   B. 下降
   C. 提高   D. 可能提高也可能下降
10. 如果营运资金大于零,则以下结论正确的有(　　)。
    A. 速动比率等于零   B. 现金比率大于1
    C. 流动比率大于1   D. 短期偿债能力绝对有保障

三、多项选择题

1. 企业财务分析的基本内容包括(　　)。
   A. 偿债能力分析   B. 营运能力分析
   C. 发展能力分析   D. 盈利能力分析
2. 基本财务比率包括(　　)。
   A. 偿债能力比率   B. 运营能力比率
   C. 发展能力比率   D. 盈利能力比率
3. 资产净利率能够直接分解成(　　)。
   A. 营业净利率   B. 资产周转率
   C. 销售成本率   D. 销售期间费用率
4. 如果流动比率过高但速动比率过低,意味着企业存在(　　)的可能。
   A. 存在闲置货币资金
   B. 企业存货销售不畅
   C. 企业货币资金等易变现的资产存量较少
   D. 企业短期偿债能力差
5. 在收入不变的情况下,会引起总资产周转率指标下降的经济业务有(　　)。
   A. 用现金偿还到期负债   B. 向银行借入一笔短期借款
   C. 用银行存款购入一台办公设备   D. 执行利润不分配的股利政策

6. 下列有关财务比率中,属于反映营运能力的有(　　)。
A. 资产负债率＝负债总额/资产总额×100％
B. 已获利息倍数＝(利润总额＋利息费用)/利息费用
C. 存货周转率＝营业成本/平均存货
D. 应收账款周转率＝营业收入/应收账款平均余额

7. 存货周转率提高,意味着企业(　　)。
A. 流动比率提高　　　　　　　　B. 现金比率提高
C. 短期偿债能力增强　　　　　　D. 企业存货管理水平提高

8. 下列各项中,可能直接影响企业净资产收益率指标的措施有(　　)。
A. 提高销售净利润率　　　　　　B. 提高资产负债率
C. 提高资产周转率　　　　　　　D. 提高流动比率

9. 下列有关反映企业状况的财务指标的表述中,正确的有(　　)。
A. 已获利息倍数提高,说明企业支付债务利息的能力降低
B. 应收账款周转率提高,说明企业可能信用销售严格
C. 净资产收益率越高,说明企业所有者权益的获利能力越弱
D. 净资产收益率越高,说明企业所有者权益的获利能力越强

10. 下列财务比率中,可以反映企业获利能力的有(　　)。
A. 应收账款周转期　　　　　　　B. 成本费用利润率
C. 总资产周转率　　　　　　　　D. 股东权益净利率

四、业务题

1. 中兴天一公司 2019 年末有关资料如下:
(1) 银行存款为 1 500 万元,固定资产净值为 12 200 万元,资产总额为 32 400 万元。
(2) 短期借款为 100 万元,实收资本为 15 000 万元。
(3) 存货周转率为 6 次,期初存货为 3 000 万元,本期销货成本为 29 400 万元。
(4) 流动比率为 2,产权比率为 0.7。
要求:计算表 10-3 中项目,并将简要资产负债表填列完整。

表 10-3　　　　　　　　　　中兴天一公司资产负债表
2019 年 12 月 31 日　　　　　　　　　　单位:万元

项　目	金　额	项　目	金　额
银行存款		应付票据	
应收账款		短期借款	
存货		长期负债	
固定资产净值		实收资本	
		未分配利润	
资产总计		负债及所有者权益合计	

2. 天华贸易公司2019年度赊销收入净额为2 000万元,销售成本为1 600万元,年初、年末应收账款余额分别为100万元和400万元;年初、年末存货余额分别为200万元和600万元。该企业年末现金为560万元,流动负债为800万元。假定该企业流动资产由速动资产和存货组成,速动资产由应收账款和现金类资产组成,一年按360天计算。

要求:

(1) 计算2019年应收账款周转天数。

(2) 计算2019年存货周转天数。

(3) 计算2019年年末速动比率。

(4) 计算2019年年末流动比率。

3. 某公司2019年度有关营运能力的指标如表10-4所示:

表10-4　　　　　　某公司2019年度有关营运能力的指标

比率名称	本公司	行业平均数
应收账款周转率/次	5	10
固定资产周转率/次	5.5	13
总资产周转率/次	1.7	3

要求:与行业平均财务比率比较,评价该公司的运营能力,说明该公司经营管理可能存在的问题,分析原因并帮助寻求解决办法。

4. 金丰泰盛公司2019年末资产负债表的有关资料如下:

(1) 资产总额为2 000万元,其中现金为120万元,应收账款为240万元,存货为320万元,待摊费用为120万元,固定资产净额为1 200万元。

(2) 应付账款为100万元,应付票据为220万元,应付工资为40万元,长期借款为400万元,实收资本为1 000万元,未分配利润为240万元。

该公司本年度利润表中反映的销售收入为6 000万元,净利润为300万元。

要求:

(1) 根据以上资料,计算流动比率。

(2) 根据以上资料,计算速动比率。

(3) 根据以上资料,计算营业净利率。

(4) 根据以上资料,计算总资产周转率(总资产按年末数)。

(5) 根据以上资料,计算权益乘数。

五、思考题

1. 变现能力分析要应用哪些财务比率指标?如何进行计算?

2. 资产管理比率分析要应用哪些财务比率指标?如何进行计算?

3. 偿债能力分析要应用哪些财务比率指标?如何进行计算?

4. 盈利能力分析要应用哪些财务比率指标?

任务三 综合财务指标分析

一、判断题

1. 在其他条件不变的情况下,权益乘数越大,企业的负债程度越高,能给企业带来更多财务杠杆利益,同时也增加了企业的财务风险。（   ）
2. 权益乘数的高低取决于企业的资本结构,负债比率越高,权益乘数越低,财务风险越大。（   ）
3. 权益乘数越大,财务杠杆作用就越大。（   ）
4. 权益乘数与资产负债率成正比。（   ）
5. 在总资产报酬率不变的情况下,资产负债率越低,净资产收益率越高。（   ）
6. 利用沃尔分析法对企业财务指标进行统计分析,就是确定公司财务状况实际评分。（   ）

二、单项选择题

1. 杜邦财务分析体系的核心指标是（   ）。
   A. 净资产收益率　　　　　　　B. 资产净利率
   C. 权益乘数　　　　　　　　　D. 总资产周转率
2. 采用沃尔评分法评价企业,若企业总体财务水平达到标准要求,综合评分应达到（   ）。
   A. 50　　　　B. 100　　　　C. 150　　　　D. 200
3. 杜邦分析法主要用于（   ）。
   A. 变现能力分析　　　　　　　B. 资产管理能力分析
   C. 财务状况综合分析　　　　　D. 长期偿债能力分析
4. 权益乘数是（   ）。
   A. 1÷(1－产权比率)　　　　　 B. 1÷(1－资产负债率)
   C. 1－资产负债率　　　　　　 D. 1－净资产收益率
5. 权益乘数越高,则（   ）。
   A. 流动比率越高　　　　　　　B. 存货周转率越高
   C. 资产负债率越高　　　　　　D. 资产周转率越高
6. 杜邦财务分析体系的核心指标是（   ）。
   A. 总资产报酬率　　　　　　　B. 总资产周转率
   C. 净资产收益率　　　　　　　D. 销售利润率

三、多项选择题

1. 从杜邦分析体系可知,直接影响企业净资产收益指标的措施有（   ）。
   A. 提高营业净利率　　　　　　B. 提高资产负债率
   C. 提高总资产周转率　　　　　D. 提高产权比率

2. 属于杜邦财务分析系统的指标有（　　）。
A. 净资产收益率　　　　　　　　B. 资本成本率
C. 资产净利润率　　　　　　　　D. 资产周转率

3. 沃尔评分法所选择的经济效益指标包括（　　）。
A. 盈利能力指标　　　　　　　　B. 偿债能力指标
C. 营运能力指标　　　　　　　　D. 发展能力指标

4. 下列各项中，可能直接影响企业净资产收益率指标的措施有（　　）。
A. 提高营业净利率　　　　　　　B. 提高资产负债率
C. 提高总资产周转率　　　　　　D. 提高流动比率

5. 由杜邦分析体系可知，提高净资产收益率的途径可以有（　　）。
A. 加强负债管理，提高资产负债率
B. 增加资产流动性，提高流动比率
C. 加强销售管理，提高销售利润率
D. 加强资产管理，提高资产利润率

四、业务题

1. 某公司2019年销售净收入为400 000元，实现净利润48 000元，资产平均总额为500 000元，资产负债率为50%。2020年销售净收入为480 000元，实现净利润72 000元，资产平均总额为640 000元，资产负债率为60%。

要求：

（1）计算2019、2020年的销售净利率、总资产周转率、权益乘数和自有资金利润率。

（2）分析计算销售净利率、总资产周转率、权益乘数变动对自有资金利润率的影响。

2. 某公司2019年度财务报表的主要资料如表10-5所示。

表10-5　　　　　某公司2019年度财务报表主要资料　　　　　单位：万元

资　产		负债及所有者权益	
现金	310	应付账款	516
应收账款（年初1 156）	1 344	应付票据	336
存货（年初700）	966	其他流动负债	468
		长期负债	1 026
固定资产（年初1 170）	1 170	实收资本	1 444
资产总额（年初3 790）	3 790	负债及所有者权益	3 790

2019年利润表的有关资料如下：

销售收入为6 430 000元，销售成本为5 570 000元，毛利为860 000元，管理费用为580 000元，利息费用为98 000元，利润总额为182 000元，所得税为72 000元，净利润为110 000元。

要求：
(1) 计算表 10-6 中的该公司财务比率。

表 10-6　　　　　　　　　　某公司财务比率表

比率名称	本公司	行业平均数
流动比率		1.98
资产负债率		62%
已获利息倍数		3.8
存货周转率		6(次)
应收账款周转天数		35(天)
固定资产周转率		13(次)
总资产周转率		3(次)
销售利润率		1.3%
总资产报酬率		3.4%
净资产收益率		8.3%

(2) 与行业平均财务比率比较，说明该公司经营管理可能存在的问题。

3. 已知 A 公司 2019 年资产负债有关资料如表 10-7 所示。

表 10-7　　　　　A 公司 2019 年资产负债有关资料　　　　　金额单位：万元

资产	年初	年末	负债及所有者权益	年初	年末
流动资产			流动负债合计	175	150
货币资金	50	45	长期负债合计	245	200
应收账款	60	90			
存货	92	144	负债合计	420	350
预付账款	23	36			
流动资产合计	225	315	所有者权益合计	280	350
固定资产净值	475	385			
总计	700	700	总计	700	700

该公司 2018 年度营业净利率为 16%，总资产周转率为 0.5 次，权益乘数为 2.5，净资产收益率为 20%。2019 年度营业收入为 420 万元，净利润为 63 万元。

要求：
(1) 计算 2019 年年末的流动比率、速动比率、资产负债率和权益乘数。
(2) 计算 2019 年总资产周转率、营业净利率和净资产收益率(均按期末数计算)。
(3) 按营业净利率、总资产周转率、权益乘数的次序进行杜邦财务分析，确定各因素对净资产收益率的影响。

五、思考题

1. 试用计算公式说明杜邦分析法中主要指标之间的关系。
2. 简述沃尔综合评价法的计算过程。

项目实训一　基本财务指标分析

一、任务目标
(1) 计算分析偿债能力。
(2) 计算分析营运能力。
(3) 计算分析盈利能力。
(4) 计算分析发展能力。
(5) 计算分析市场价值。

二、任务描述
苏宁易购集团股份有限公司(简称：苏宁易购，代码：002024)2019 年度资产负债表、利润表、现金流量表已经过审计，公司董事会为了解公司 2019 年基本财务情况，决策 2020 年公司发展，要求公司财务部进行基本财务指标分析，并将分析报告提供董事会参考。

三、操作准备
(1) 学生分组。学生以 6~8 人为一组，选定正副组长为公司财务部正副部长。
(2) 学生分工。财务部正副部长将同学按基本财务指标分析要求合理分工。
(3) 制订工作计划书。每个小组制订一份工作计划书，工作计划书根据工作内容，由小组学生讨论制订，并经指导老师审阅批准后实施。

四、操作流程
(1) 各小组学习任务目标和任务描述，研究任务工单和应完成的任务。
(2) 复习基本财务指标计算与分析方法。
(3) 查找苏宁易购 2019 年度财务报表资料。
(4) 各小组讨论制订苏宁易购基本财务指标分析工作计划书。
(5) 指导老师审阅各小组制订的苏宁易购基本财务指标分析工作计划书，并签批。
(6) 各小组计算编制偿债能力分析报告。
(7) 各小组计算编制营运能力分析报告。
(8) 各小组计算编制盈利能力分析报告。
(9) 各小组计算编制发展能力分析报告。
(10) 各小组计算编制市场价值分析报告。

五、实训材料
(一) 任务工单
通过网络，查找苏宁易购集团股份有限公司(简称：苏宁易购，代码：002024)2019

年度资产负债表、利润表、现金流量表等资料。

（二）完成任务

1. 编制苏宁易购2019年基本财务指标分析工作计划书（表10-8）

表10-8　　　　　苏宁易购2019年基本财务指标分析工作计划书

主　要　内　容	实施时间	实施形式	主要负责人
研究基本财务指标分析任务工单和应完成的任务			
复习基本财务指标计算与分析方法			
查找苏宁易购2019年度财务报表资料			
编制偿债能力分析报告			
编制营运能力分析报告			
编制盈利能力分析报告			
编制发展能力分析报告			
编制市场价值分析报告			

其他：

学习小组组长：　　　　　学习小组成员：

年　月　日

指导老师审阅意见：

签名：

年　月　日

2. 计算编制苏宁易购偿债能力分析报告（表10-9）

表10-9　　　　　　　苏宁易购偿债能力分析报告

学习小组成员：

3. 计算编制苏宁易购营运能力分析报告（表10-10）

表10-10　　　　　　苏宁易购营运能力分析报告

学习小组成员：

4. 计算编制苏宁易购盈利能力分析报告(表 10-11)

表 10-11　　　　　　　苏宁易购盈利能力分析报告

学习小组成员：

5. 计算编制苏宁易购发展能力分析报告(表 10-12)

表 10-12　　　　　　　苏宁易购发展能力分析报告

学习小组成员：

6. 计算编制苏宁易购市场价值分析报告(表 10-13)

表 10-13　　　　　　　苏宁易购市场价值分析报告

学习小组成员：

六、讨论评价

1. 各小组用 PPT 汇报交流，时间不超过 10 分钟。
2. 各小组听取汇报交流并打分互评。
3. 指导老师打分并点评。

项目实训二　财务状况综合评价

一、任务目标

(1) 计算沃尔财务比率，撰写沃尔财务比率综合分析报告。
(2) 计算经济效益评价指标，撰写企业经济效益分析报告。

二、任务描述

中兴天一公司 2019 年度资产负债表和利润表已经过审计，公司财务部在向董事会汇报 2019 年公司财务情况时，有董事提出公司财务情况与行业水平、与政府对企业的考核情况如何？公司董事会要求公司财务部编制公司财务状况综合评价报告，提交下次董事会汇报。

三、操作准备

(1) 学生分组。学生以 6~8 人为一组,选定正副组长为公司财务部正副部长。

(2) 学生分工。财务部正副部长将同学按财务状况综合评价要求合理分工。

(3) 制订工作计划书。每个小组制订一份工作计划书,工作计划书根据工作内容,由小组学生讨论制订,并经指导老师审阅批准后实施。

四、操作流程

(1) 各小组学习任务目标和任务描述,研究任务工单和应完成的任务。

(2) 复习财务状况综合评价指标计算与分析方法。

(3) 各小组讨论制订中兴天一公司财务状况综合评价工作计划书。

(4) 指导老师审阅各小组制订的中兴天一公司财务状况综合评价工作计划书,并签批。

(5) 各小组计算沃尔财务比率。

(6) 各小组撰写沃尔财务比率综合分析报告。

(7) 各小组计算经济效益评价指标。

(8) 各小组撰写企业经济效益分析报告。

五、实训材料

(一) 任务工单

1. 中兴天一公司资产负债表(表 10-14)

表 10-14　　　　　　　　　　资产负债表(简)

编制单位:中兴天一公司　　　2019 年 12 月 31 日　　　　　　　　　　单位:万元

资　产	年初数	年末数	负债与所有者权益	年初数	年末数
货币资金	26 000	41 500	短期借款	6 000	26 000
应收账款	40 000	35 000	应付账款	4 000	2 000
存　货	20 000	30 000	长期借款	30 000	20 000
固定资产	80 000	80 000	实收资本	100 000	100 000
减:累计折旧	16 000	19 000	盈余公积	6 000	9 350
固定资产净值	64 000	61 000	未分配利润	4 000	10 150
资产总计	150 000	167 500	负债与所有者权益总计	150 000	167 500

2. 中兴天一公司利润表(表 10-15)

表 10-15　　　　　　　　　　　　　利润表(简)

编制单位:中兴天一公司　　　　2019 年 12 月 31 日　　　　　　　　　　　　单位:万元

项　目	本年累计数
主营业务收入	126 000
减:主营业务成本、费用、税金	56 700
主营业务利润	69 300
减:管理费用	12 300
财务费用(其中利息 16 000)	17 000
营业利润	40 000
加:投资净收益	10 000
利润总额	50 000
减:所得税	16 500
净利润	33 500
加:年初未分配利润	4 000
可供分配利润	37 500
减:提取盈余公积	3 350
应付投资者利润	24 000
年末未分配利润	10 150

(二) 完成任务

1. 编制中兴天一公司 2019 年财务状况综合评价工作计划书(表 10-16)

表 10-16　　　　中兴天一公司 2019 年财务状况综合评价工作计划书

主要内容	实施时间	实施形式	主要负责人
研究财务状况综合评价任务工单和应完成的任务			
复习财务状况综合评价指标计算与分析方法			
计算沃尔财务比率			
撰写沃尔财务比率综合分析报告			
计算经济效益评价指标			
撰写企业经济效益分析报告			

其他:

　　学习小组组长:　　　　　　　学习小组成员:

　　　　　　　　　　　　　　　　　　　　　　　　　年　月　日

　　指导老师审阅意见:

　　　　　　　　　　　　　　　　　　　　签名:

　　　　　　　　　　　　　　　　　　　　　　　年　月　日

2. 编制中兴天一公司2019年沃尔财务比率综合分析表(表10-17)

表10-17　　　　　中兴天一公司2019年沃尔财务比率综合分析表

序号	评价指标	标准值	实际值	单项指标	重要性权数	评价
1	销售利润率	15%			15	
2	总资产收益率	20%			15	
3	资本收益率	30%			15	
4	资本保值增值率	110%			10	
5	资产负债率	50%			5	
6	流动比率	2			5	
7	应收账款周转率	10(次)			5	
8	存货周转率	8(次)			5	
9	社会贡献率	35%			10	
10	社会积累率	30%			15	
	合计				100	

3. 撰写中兴天一公司沃尔财务比率综合分析报告(表10-18)

表10-18　　　　　中兴天一公司沃尔财务比率综合分析报告

学习小组成员：

4. 计算经济效益评价指标(表10-19)

表10-19　　　　　　　　经济效益评价指标

指标		计算结果
获利能力	销售利润率	
	总资产收益率	
	资本收益率	
	资本保值增值率	
偿债能力	资产负债率	
	流动比率	
营运能力	应收账款周转率	
	存货周转率	
社会贡献	社会贡献率	
	社会积累率	

5. 撰写中兴天一公司经济效益分析报告(表 10-20)

表 10-20　　　　　　中兴天一公司经济效益分析报告

学习小组成员：

六、讨论评价

(1) 各小组用 PPT 汇报交流,时间不超过 10 分钟。
(2) 各小组听取汇报交流并打分互评。
(3) 指导老师打分并点评。

郑重声明

高等教育出版社依法对本书享有专有出版权。任何未经许可的复制、销售行为均违反《中华人民共和国著作权法》，其行为人将承担相应的民事责任和行政责任；构成犯罪的，将被依法追究刑事责任。为了维护市场秩序，保护读者的合法权益，避免读者误用盗版书造成不良后果，我社将配合行政执法部门和司法机关对违法犯罪的单位和个人进行严厉打击。社会各界人士如发现上述侵权行为，希望及时举报，本社将奖励举报有功人员。

反盗版举报电话　（010）58581999　58582371　58582488
反盗版举报传真　（010）82086060
反盗版举报邮箱　dd@hep.com.cn
通信地址　北京市西城区德外大街4号　高等教育出版社法律事务与版权管理部
邮政编码　100120

高等教育出版社

教学资源索取单

尊敬的老师：

　　您好！

　　感谢您使用马元兴编写的《财务管理实务学习指导、习题与项目实训》（第四版）。为便于教学，本书另配有课程相关教学资源，如贵校已选用了本书，您只要加入会计教师论坛QQ群，或者添加服务QQ号800078148，或者把下表中的相关信息以电子邮件方式发至我社即可免费获得。

我们的联系方式：

（以下3个"会计教师论坛"QQ群，加任何一个即可享受服务，请勿重复加入）
QQ3群：473802328　　　　QQ2群：370279388　　　　QQ1群：554729666

联系电话：(021)56961310/56718921　　地址：上海市虹口区宝山路848号　　邮编：200081
电子邮箱：800078148@b.qq.com　　　　　　　　　服务QQ：800078148（教学资源）

姓　　名		性别		出生年月		专　　业	
学　　校				学院、系		教 研 室	
学校地址						邮　　编	
职　　务				职　　称		办公电话	
E-mail						手　　机	
通信地址						邮　　编	
本书使用情况	用于_____学时教学，每学年使用_____册。						

您对本书有什么意见和建议？

您还希望从我社获得哪些服务？
□ 教师培训　　　　　□ 教学研讨活动
□ 寄送样书　　　　　□ 相关图书出版信息
□ 其他_____

高等职业教育财务会计专业系列教材

书名	作者	书名	作者
基础会计+习题与实训	刘 蕾	企业纳税实务（第三版）+实训	宣国萍
基础会计（第四版）+习题+实训	王 炜	企业涉税实务	王 荃
基础会计（第四版）+习题集	李占国	税费计算与申报（第二版）	王 荃
基础会计综合模拟实训（第四版）（附空白账表）	李占国	纳税实务	回晓敏
基础会计实训	吴兴华	税收筹划（第三版）+习题与实训	林松池
基础会计学+习题	魏 芳	纳税实务（第二版）	喻 竹
基础会计学模拟实训	孔祥威	纳税实缴与申报（第三版）	喻 竹
财经法规与会计职业道德（第二版）+习题集	梁文涛	会计信息化教程（第二版）（用友ERP-U8V10.1）（DVD光盘）	陈明然
财务会计（第六版）+习题与实训	王宗江	会计信息化（第二版）（用友ERP-U8V10.1）+习题与实训	庄胡蝶
财务会计（第六版）+习题与实训	谢国珍	会计电算化（第四版）（畅捷通T3）	陈明然
财务会计实务（第二版）+习题与实训	胡 云	会计信息化（用友ERP-U8V10.1）（第二版）	孙 义
财务会计实务（第四版）+习题与实训	张 英	会计信息化综合模拟实训（第二版）	孙 义
财务会计——基础会计分岗核算（第二版）	戴桂荣	会计信息化（用友U8+V13.0、用友U8V10.1财务会计及供应链）	王顺金
企业财务会计分岗核算+习题集	李英红	初级会计信息化（第二版）（金蝶KIS）	宋鹤年
中级会计实务（第二版）	丁增稳	ERP供应链管理系统实训教程（第四版）（用友U8V10.1版）+综合实训	牛永芹
中级会计实务	王 辉	ERP财务管理系统实训教程（第三版）（用友U8V10.1版）+综合实训	牛永芹
小企业会计实务（第二版）	丁增稳	ERP财务业务一体化实训教程（第二版）（用友U8V10.1版）+综合实训	牛永芹
网络商家会计实务	周丽华	ERP财务管理系统实训教程（金蝶K/3 WISE V15.0版）	牛永芹
银行会计业务（第二版）	戴桂荣	ERP财务供应链一体化教程（用友U8V10.1版）	李爱红
金融企业会计	黄 群	ERP财务业务一体化教程	魏世和
政府会计（第六版）	王宗江	ERP沙盘实训教程	李爱红
政府会计实务	丁增稳	手工沙盘应用教程	李冬梅
管理会计（第四版）+习题与实训	邵敬浩	电子沙盘应用教程（新道新创业者）	喻 竹
管理会计（第二版）+习题与实训	范世森	电子沙盘应用教程（新道新商战）	喻 竹
管理会计实务（第二版）	刘金星	VBSE财务综合实训教程（V2.0版）+票据包	李爱红
管理会计实务案例与实训（第二版）	刘金星	VBSE跨专业综合实训教程	吕永霞
管理会计基础	周 阅	会计综合实训（第二版）	吴智勇
管理会计实务	周 阅	会计综合实训（第三版）（200笔业务）	丁增稳
管理会计实训教程	牛永芹	会计综合实训（第三版）（附空白账表）（100笔业务）	丁增稳
成本会计实务（第三版）+习题+实训	周国安	会计综合实训（第三版）	王 钧
成本计算与管理（第四版）+习题与实训	程 坚	会计综合实训（第三版）	施海丽
成本计算与管理（第二版）+习题与实训	舒文存	财务会计模拟实训（第二版）	施海丽
成本计算与管理+习题与实训	顾全根	财务会计实训	赵春宇
成本计算与管理	李传双	财务报表分析（第二版）	翁玉良
成本会计项目化教程（第二版）	孙 颖	财务分析+习题与实训	李 曼
成本会计理论与实务（第二版）	崔 烨	财务报表分析	陆兴凤
财务管理实务（第四版）+习题与实训	马元兴	会计专业英语	田 宏
财务管理实务（第三版）+习题与实训	靳 磊	会计专业英语	杨晓华
财务管理实务（第三版）	张远录	出纳理论与实务（第三版）+业务操作实训	杨剑钧
财务管理实务（第二版）+习题+实训	季光伟	财经基本技能	魏亚芳
财务管理实务	魏标文	会计金融基本技能	费玄淑
财务管理实务	孙自强	计算技术教程（珠算技能与文化）（第三版）	王宗江
财务管理	段志群	会计文化	郭传章
Excel在财务中的应用（第三版）	钭志斌	会计思维	潘上永
Excel在财务会计中的应用	赵宏强	初级会计实务+习题（第二版）（初级会计资格考试"课证融通"教材）	编委会
Excel在会计中的应用（第二版）	喻 竹	经济法基础+习题（第二版）（初级会计资格考试"课证融通"教材）	编委会
Excel财会应用	王顺金	初级会计实务+模拟试题	东奥会计在线组编
审计实务（第五版）+习题+实训	陈建松	经济法基础+模拟试题	东奥会计在线组编
审计学原理与实务+习题与实训	王生根		
审计实务（第二版）	赵 艳		
审计实务	孙自强		
审计基础与实务	李 莎		
审计基础与实务+习题	李 凤		
审计学理论与实务	杨剑钧		
审计信息化	胡孝东		
内部控制管理实务	吴智勇		
企业内部控制实务	张远录		
内部控制与风险管理	蒋淑玲		
税务会计（第五版）+习题与实训	梁伟样		
税法（第六版）+习题与实训	梁伟样		
企业纳税实务（第三版）+习题与实训	梁文涛		
税务会计（第二版）+核算与申报综合实训	梁文涛		

以上教材均另配教学资源，书末页附"教学资源索取单"。

欢迎访问网站：www.hep.com.cn

定价：23.00元

ISBN 978-7-04-052705-6